# 修法

## 心は神仏の通路である

新装版

Imai Mikio

今井幹雄

東方出版

# はじめに

本書は当初、真言宗の阿闍梨（師範・教師）と呼ばれる僧侶方を対象とする『修法―その作法に秘められた真理と功徳―』と題する講演の草稿として執筆したものであります。従って本書に論ずる修法は真言宗にのみ限るのであります。

真言宗には事相家と言われる法流・事作法の大家や、或いは教学の権威と評される学者も数多く、一介の言論関係者に過ぎない著者が、このような問題を論ずるのは、或いは不遜ではないかとの想いも脳裏に去来し続けたのですが、真言宗の現状を見るとき、「事教二相は車の両輪、鳥の両翼」という諺とは裏腹に、余りにも乖離しており、その結果修法は形骸化し、そして一方教学は難解を極める教義の切り売り的講義のみが行われているのを悲しみ、敢えて事教二相の融合たる修法を論じる決意をしたものであります。

然し、論じているうちに、密教の修法に対する世人の誤解を痛感するようになり、急遽本書の内容を在家者にも理解して頂けるようにと改めたものであります。

密教修法は当に深遠幽玄なる作法と真理を有するものであり、本書に論じているのは、修法の玄関口に過ぎない程度の浅いものであり、これを以て密教修法のすべてと誤解されないようにと、切に念じているものであります。

万一にも本書がご縁となって、修法に関心を持たれる方があれば、必ず良師を訪ね、出家得度の上で、修法の奥義を極められんことを切望するものであります。

平成十八年十二月

# 修法　目次

# 序章●何故、真実は説かれなかったのか

## ●真実を秘匿するもの

わたしは、明治二十三年一月に創刊第一号を発行以来百十七年、連綿として絶えることのない、日本最古の宗教新聞である真言宗の機関誌『六大新報』の仕事に従事して半世紀を過ごしてきました。主筆としてさえ既に三十六年の歳月を過ごしてしまいました。

その長い宗門誌の編集者・記者としての生活の中で、常に疑問に感じ続けてきたことが二つあります。

その第一は、各派の宗議会などに於いて、教学部に対する要求として、布教のネタを提供せよという声が多いことでした。

布教とは自らの「信の表白」でなければならない——すなわち、説法者自身が自ら仏に帰依し、仏法に学び、そして体得した信仰を吐露することこそが布教でなければならないと考えてきたわたしには、他人から借りたネタを話題にして説法をしようとする精神が不思議でならなかったのであります。

そして第二には、これも先の疑問に関連することですが、密教には修法という独特の修行（祈り）があり、その修法に用いる加持の法具（密教法具）や、或いは修法の一々の作法に秘められた深遠幽玄なる真理（教義）があり、これを説けば、他の諸宗派には真似の出来ない密教独特の深い教法を縦横無尽に説くことが出来る筈ではないかと、考え続けて来たのであります。

何故、それが出来ないのか——長い間それが疑問であり、その原因をわたしは宗門僧の怠慢にあるとのみ思い続けてきたのですが、実はそうではなく（いや勿論それもあるには違いありませんが）、何よりも真言宗の布教を呪縛して、その真実性と自由闊達性を喪失せしめてきたのは「越三昧耶《おつさんまや》」の禁戒だったのであります。

## ●越三昧耶とは何か

真言宗には「越三昧耶」という禁戒があります。越三昧耶は、真言宗の三種重罪の一つですが、三種重罪とは退三昧耶《たいさんまや》・破三昧耶《はさんまや》・越三昧耶であります。

『大日経疏演奥鈔』巻一には、「凡そ真言の教えに大いに三の重罪あり、一には退三昧耶、法を受け終わりて修行せざる人なり。二には破三昧耶、密蔵に於いて疑謗《ぎぼう》を生ずるの類《たぐい》なり。三には越三昧耶、聴許を蒙らずして恣《ほしいまま》に見聞する族《やから》なり」とありますが、このうち越三昧耶は「越法罪《おっぽうざい》」ともいって、行者の厳守すべき禁戒とされ、この禁戒を破ることは行者にとっては最大の重罪とされているのであります。

伝授等に於いて必ず許可灌頂《こかかんじょう》を受けさせるのは、その禁戒に触れないためでありましょう。

では、越三昧耶（越法罪）とは何か。『密教大辞典』には次のように説かれています。

「二意あり、一には三昧耶の境界を軽んずる罪。二には三昧耶に違越する罪を言う。三昧耶の境界を軽んずる罪とは、未灌頂の者に灌頂の大事を明かし、諸尊の内証を談じ、印言《いんごん》の秘義を説き、或いは非器の者に灌頂を許し、師伝を受けず又瑜伽を成ぜずして、妄りに曼荼羅を造立し、或いは阿闍梨の印可を得ずして濫りに聖教《しょうぎょう》口訣《くけつ》等を繙き、法則に背きて法を行ずる如き非法行の罪を言う」

そして、三昧耶については次のように解説しています。すなわち、

「三昧耶とは自誓の義なり。一切如来は一切衆生をして普く仏知見《ぶっちけん》を開かしめんと誓願して、方便を以て真言の教法を説き給う。もしこの教法を軽んじて教えに随順せざれば、如何ほど修行すとも遂に徒労に帰し罪咎を招くべし。故に此の経法を軽んじ非法の行を作すを越三昧耶という。『略出経』（四）『観智儀軌』『金剛王菩薩念誦儀軌』等に深くこの罪を誡む。

次に三昧耶に違越する罪とは仏心の境界を違う罪なり。越とはタガウと訓ず。三昧耶は平等・本誓・除障・驚覚の四義を有す。この四義は仏心の境界を示す。三昧耶を証得する時は

即身に成仏することを得、故に三昧耶に違越せばその罪五逆罪よりも重し。『大疏』に広く此の四義につきて越三昧耶の義を説けり。今疏意によりて説かば、諸法に於いて種々不平等の見を起こし（平等の義に約す）、或いは平等誓中に於いて制限の心を起こすは越三昧耶の罪あり（本誓の義に約す）、又世間の名利に随順して大事の因縁を為さず（除障の義に約す）。或いは放逸懈怠にしてその心を警悟すること能わざるは越三昧耶の罪あり（驚覚の義に約す）。行者三昧耶に違う時は種々の障碍を生じ、自他共に損じて義利あることなし。悉地を成就せず。されば『摂真実経』（下）には越三昧耶の罪は五逆罪よりも重く、未来は地獄に堕して永く出離すること能わずと誡めたり」と。

大変難解な解説であります。わたしたち密教徒にとって、『密教大辞典』は密教の知識を得るためには不可欠の書であり、当に知識の宝庫として座右から離すことの出来ないものであります。その恩恵に深甚なる謝念を惜しむものではありませんが、『密教大辞典』の解説を読む度に痛感させられるのは、教義解説の難解さは勿論ですが、同時にその解説の中に、『国語辞典』『広辞苑』などには金輪際出てこない独特の用語が用いられていることでありま す。

例えば、今ここに出てきた「義利」なる用語も国語関係の辞典には出て来ないのでありま す。従って、解説の文脈から独自に解釈せざるを得ないのですが、恐らく「義利」とは「意義と利益」を意味するのではないかと思われるのであります。

それは兎も角、今ここに掲げました難解な解説を判りやすく要約すれば、越三昧耶（越法罪）とは次のようなものでありましょう。

すなわち、二種の意味のうちの第一、三昧耶の境界を軽んずる罪とは、未灌頂の者――すなわち、受明《じゅみょう》灌頂を受ける前の者に、灌頂とは何かを説いたり、諸尊の内証――すなわち諸仏・諸菩薩の悟りの内容や、或いは修法に用いる印契《いんげい》や陀羅尼等の意義を説き、器ではない者に灌頂を許したり、師伝を受けず、また瑜伽を行ぜず――というのですから、師僧の伝授を受けず四度加行をせずに曼荼羅観を行ったり、或いは勝手に行法を記した次第などを開いて、自己流の修法を行うなどの非法を意味しています。

受明灌頂とは、持明灌頂・学法灌頂・受法灌頂・許可《こか》灌頂ともいい、密教を学び、有縁の仏・菩薩諸尊の印明を授かり学ぶための灌頂であるところから、前記の名称があるといわれています。

或いはまた、明法を受けるための灌頂であるところから、受明灌頂と名づけ、また印明を受けるための灌頂であるところから、この名があるともされています。

そして次に、三昧耶に違越する罪とは、三昧耶とは仏心を意味し、平等・本誓・除障・驚覚の四義がありますが、この仏心に反して不平等の考えや仏の本誓を狭量に解釈したり、世間的な名誉や利益に惑わされて、大事の因縁を為さずとは、仏教者としての一大事である生死解脱を願わずということでありましょう。そして放逸懈怠にしてその心を警悟すること能わざるの「警悟」とは、「賢いこと」とか「のみこみが早い」「聡い」というような意味ですから、修行を怠けて仏心を悟ることが出来ないということでしょうが、これらの越三昧耶の罪は五逆罪よりも重く、地獄に堕ちて永く救いの機縁を得ることが出来ないというのであります。

## ●五逆罪とは何か

「五逆罪」とは、今詳説の余裕はありませんが、「五無間業《ごむげんごう》」ともいわれ、殺父・殺母・殺阿羅漢・出仏身血・破和合僧の五種の逆罪を指すのであります。

阿羅漢とは略して羅漢ともいいますが、煩悩を断尽して悟りの智慧を得、自己の修学既に終えてまた学ぶべきことなく、世間より大供養を受けるべき位に到達した修行者を意味し、仏の別名を「応供《おうぐ》」ともいうのは、この阿羅漢を意味し、従って阿羅漢とは仏を意味する名称でもあります。

父母や阿羅漢を殺し、そして仏身を損傷して血を流させる――仏身には各宗それぞれの解釈定義がありますが、真言宗ではすべてを大日如来の変化・等流身《とうるじん》とするのですが、菩提心を有する者を傷つけることを意味しているのでありましょう。

『倶舎論《くしゃろん》』巻十八には、「母と無学尼とを汚すと、住定の菩薩及び有学の聖者を殺すと、僧の和合の縁を奪う」などの罪が挙げられていますが、破和合僧とは出世間の僧伽に世間的な価値判断を持ち込んで、僧伽を混乱・分裂せしめることでありましょう。

そして無間業と名づけるのは、無限地獄に堕ちる所業であるということですが、無限地獄とは、八熱地獄の最下層の地獄で、阿鼻《あび》地獄とも名づけ、この地獄に堕ちる者は苦を受けること間断なしといわれ、その苦しみに絶叫するところから「阿鼻叫喚」という言葉が生まれたのですが、密教にいう「越三昧耶」はこの五逆罪よりも重罪で、無間地獄に堕ちることは必定と説かれているのであります。

## ●教相輪は回転しているのか

わたしは今、この「越三昧耶（越法罪）」を前にして、本書を執筆しつつも、本書を世に公刊すべきか否かを真剣に悩んでいます。

真言宗には「事教二相《じきょうにそう》」という言葉があります。これは「事相」と「教相」とを併せ称する言葉で、「事相」とは密教の祈りである修法に際して用いられる様々な作法（所作）を意味し、「教相」とはその作法に秘められている教義（教理）を指しています。

そして真言宗には、「はじめに」でも触れていますが、古来「事教二相は車の両輪、鳥の両翼」という言葉があります。それは唯単に真言宗には事教二相があるという意味ではなく、両輪・両翼が同時に回転し、同時に羽ばたくという意味でなければならない筈であります。

そして、同時に回転し同時に羽ばたくとは、修法に際しては、単に印契や真言（陀羅尼・呪）を結誦するだけではなく、印言の結誦と同時に、印言に秘められている教義（教理）を念頭に想起しなければならないということに他ならないのであります。

然し、真言宗の現状はどうか。果たして事相輪の回転と同時に教相輪が回転していると言えるのかどうか、大いに疑問であります。確かに、法流伝授や事相講習会は盛んで、それらの伝授・講習には受者が堂に溢れる盛況であり、その点では一見事相は興隆しているように見えるのですが、果たして真の興隆といえるかは疑問であります。

現在の真言宗内の関心事といえば、修法に於ける事作法に関することばかりであって、その作法に秘められている教相が論議されることは稀というよりは、皆無に近いのではないかと思われるのであります。

事相輪は回転しているが、教相輪が同時には回転していないのが、宗門の現状のように思われるのです。

修法に際しても、型通りの作法はするが、その一々の作法が如何なる教理を象徴しているかを知らない人が多いのですが、にも拘わらず、教学講習会といえば、学者による難解極まりない経典の講伝か、さもなくば世間的に有名な知識人や芸能人、或いはテレビタレントなどを講師に招いて、真言宗の教理とは無縁な話題に興じているのが現状ではないでしょうか。

## ●真実を説かしめざるもの

現在の真言宗に最も必要なことは、修法の作法に秘められている教義を知ることでなければならないと、わたしは考えているのであります。

一人前の真言宗の教師（阿闍梨）になるためには、四度加行を行った後、伝法灌頂に入壇しなければならないのですが、四度加行といいますのは、後にも触れますが、十八道・金剛界・胎蔵界・護摩の四つの、いわゆる修法の基本の作法を修法するものであります。

わたしがその四度加行を行ったのは二十四歳の時でしたが、来る日も来る日も一日三座、薄暗い道場で、意味も意義も不明な印明を結誦し続ける加行は、当に知的欲求旺盛な青年には、人生の最も貴重な時期の大切な時間を浪費しているように思えて、耐え難い苦痛に懊悩したものであります。

その青年の日の経験から、わたしが絶えず思い続けてきたのは、四度加行の伝授時に、印明等の作法とともに、その一々の作法に象徴されている教義・教理が何故に説かれなかったかという疑問だったのであります。

知的欲求旺盛な青年時に、修法の作法とともに、その作法に凝結されている深遠幽玄なる真言教理が伝授されていたなら、わたしは密教修法の偉大さに魅了されて、今とは違った僧としての人生を歩んだに違いないと思うのであります。

修法は密教の生命ですが、その大切な修法の基本の伝授に際して、何故に形式ばかりを教えて、その生命であるところの教義を教えないのであるか――という、わたしの長い間の疑問に答えたのが、「未灌頂の者に灌頂の大事を明かし、諸尊の内証を談じ、印言の秘義を説いてはならない」という越三昧耶（越法罪）の法だったのであります。

真言宗では加行終了後に伝法灌頂を受けるのですから、越三昧耶にいう未灌頂者を、伝法灌頂未灌頂者と解すれば、四度加行者には自らが日々行じている印言（印契と真言陀羅尼）が何を意味するのか、そして諸仏諸菩薩とは何かというような、宗教として最も大事なことを説くことが出来ないことになるのであり、ここに、ただ形だけを伝授されて、形式だけを身につけるという、今真言宗の祈祷に於ける悪弊の出発点があるように思われるのですが、如何でしょうか。

然し本当はそうではなく、本来ならば受明灌頂を受けた後に四度加行者となって、必ず修法の作法に秘められている教理を学ばなければならないのでしょうが、多くの人が形をマスターすることによって、日々の祈祷や法要に何ら不自由を感じることが無くなり、やがて形式一辺倒になってしまっていったのではないかと思うのであります。

## ●真実の説法を阻むもの

そして次に、この越三昧耶のために、真言宗では長い間、大衆に対して真実が説かれて来なかったという問題があります。

わたしたちが若い頃の老僧たちの口癖は、「真言は秘密じゃ」という言葉でした。真言の教えは説くに説き難く、説法など出来るものではないというのであります。

わたしの父なども檀家の法事などに詣った際に、読経の後に、集まっている親戚の者たちから（それは大抵真宗門徒であったが）「お説教を」などと要請されると、決って「説教などというものは真宗がするもので、真言宗は説教はしないものだ」とはねつけていたものです。

要するに、「未灌頂者に諸尊の内証を談ずべからず」の故に、長い間真言宗はいわゆる祈祷が主で、病気平癒や所願成就の祈祷はするが（勿論、檀家寺では葬式・法事もするが）、大衆教化のための布教はしませんでした。

然し、それでは「依らしむべし、知らしむべからず」の典型的封建思想であって、何時までも許されるべきことではなかったのであります。

そこで、他宗派に伍して大衆説法は始めたものの、「未灌頂者に諸尊の内証を談じ、印言の秘義を説くべからず」の禁戒の前に、真実の仏法を説くことが出来ず、徒らに因果応報や勧善懲悪等の疑似宗教的低次元の話題を以て、或いは唯々宗祖の偉大さを吹聴することを以て説法であると誤解してきたのが、真言宗の布教の歴史ではなかったかと思うのであります。

事相に秘められている深遠幽玄なる教相を説くことが出来るなら、真言宗ほど仏教の真髄を説くことの出来る宗派は無いとわたしは思うのですが、それが越三昧耶の禁戒として許されないとするならば、むしろその方が真実の仏法を妨げる妨法の罪になるのではないかと思うのであります。

そしてここに、一般の人に対しては広く結縁灌頂に入壇せしめて、曼荼羅の諸尊に縁を結ばせるとともに、密教の真実義を説く機縁を与える必要があります。

そのような思いを抱きつつ、心奥には越三昧耶への怖れを秘めながらも、少しでも真実の仏法に近づきたく、これまでに著してきたのが『仏具と法話』であり『密教法具に学ぶ』の二著だったのであります。

## ●言葉の壁を超えしめるもの

では何故に、「未灌頂者には諸尊の内証を談じ、印言の秘義を説いてはならない」のであるか。恐らくそれは、人語を以ては仏の悟りの内容の真実は語り得ないのみか、むしろ誤解せしむるからではないかと思われるのであります。

確かに人は、真実に直面した時に初めて、人語の不完全性を痛感させられるものでありまず。評論家の故亀井勝一郎に、「人は独りだから孤独なのではない。結婚するから孤独なのである」という名言がありますが、偕老同穴といわれ、この世の中で最も理解し合える筈の夫婦間に於いてさえ、自らの真実の思いを理解して貰えなかった時に、人は初めて心の孤独を痛感するというのであります。

インドの詩聖タゴールに、「愛は理解」という言葉がありますが、人は己が心の奥の真実に直面した時には言葉を失うものであります。そして、愛のみが言葉を超えて真実を理解し得るのであります。

人は自らの真実を伝えるべく百万言を費やした果てに、人語の不完全性を思い知らされて、沈黙せざるを得なくなるのであります。そして、そこにこそ、人語を超えんとする切実なる祈りが生じてくるのであり、修法とは当にわが心奥の真実たる仏性――すなわち、諸仏諸尊に対する人語を超えた祈りに他ならないのであります。

そして、そのとき念誦する陀羅尼（真言）とは、人語を超えた真実の言葉――すなわち仏語なのであります。仏語が人語を超えるとは、六道に通ずる言葉であるということであります。真実に直面したときはじめて、陀羅尼（真言）の尊さが憶念されてくるのであります。

弘法大師の『般若心経秘鍵』に、「真言は不思議なり、観誦すれば無明を除く。一字に千理を含み即身に法如を称す」というお言葉がありますが、仏語なればこそ一字に千理を含むのであり、不完全なる人語を以ては遂に翻訳し得るものではなく、ただひたすら念誦する以外にはないのであります。そしてそこに加持感応という、言葉を超えて通じ合える世界が開けてくるのであります。

## ●梵天の勧請が意味するもの

釈尊ご一代を記した『仏伝』には、何気ない物語の中に、実に深遠幽玄なる仏教教理が秘められているのであります。

例えば、釈尊が無憂樹の花の下で、御母摩耶夫人《まやぶにん》の右腕の脇から生まれ落ちるなり、七歩歩いて天地を指差し「天上天下唯我独尊、三界皆苦我当安之」といわれたという、いわゆる仏誕のお姿に象徴されているのは、生命が六道輪廻の修行の果てに漸く成仏の器たる人身を得た喜びの姿であります。

すなわち、御母摩耶夫人の右の脇が象徴しているのは、性の清浄性であります。インドでは右手は聖なるもの清浄なるものの象徴ですが、人間の生の根元たる性の清浄性が右手の付け根に象徴されているのであります。すなわち、生まれ出た子どもが仏陀となるとき、両親の愛欲煩悩は聖なるものとして浄められるのであります。

性は本来聖なるものであるから、何をしても聖であるという訳にはゆかないのであります。もし、生まれた子供が成長して殺人鬼になれば、両親の愛欲煩悩は泥まみれの煩悩に過ぎないということになります。性をして聖なるものとするか、或いは泥まみれの煩悩に過ぎなくするかは、偏に両親の子育ての如何にかかっているのであります。

そして七歩遊歩《ゆぶ》とは、天と地に展開する地獄・餓鬼・畜生・修羅・人間・天の六道輪廻という生命の修行の旅を終えて、今漸く苦楽を超えて成仏の器としての人身を得たことが教えられています。

地獄・餓鬼・畜生の三悪道の苦しみも、そして修羅・人間・天の三善道の楽も、成仏のための修行として輪廻してきた生命なればこそ、今新たなる人身を得て苦楽・善悪の世間を超えて成仏することが出来るのであります。

更にまた、妻子を捨て王城を捨てた釈尊の六年間に及ぶ難行苦行には、六道輪廻の生命の修行が象徴されており、六道輪廻とはすなわち菩薩（生命）の修行たる六波羅蜜《ろくはらみつ》に他ならないのであります。

このように『仏伝』には、釈尊ご一代の事跡になぞらえて深い仏教の真理が随所に鏤められているのですが、「梵天の勧請」にも宗教の真髄を説く鍵が秘められているのであります。満天の星が輝く十二月八日の暁、菩提樹下に降魔成道された釈尊は、自らが体得した悟りの内容が決して人語を以ては語り得ず、そして人語を以ては理解され難く、受容され得ないことを悟って、沈黙を決意されるのですが、梵天の三度《みたび》に亘る勧請を受け入れられて、漸く転法輪の旅に出られたのであり、ここに仏教が始まったのであります。

梵天については今、詳説の余裕はありませんが、十二天の一つであります。仏教は欲界・色界・無色界の三界を説きますが、欲界は欲望の世界、色界は欲望を去った世界ですから禅天と呼ばれ、梵天はその色界初禅天の主といわれ、梵王・大梵天王とも呼ばれ、清浄・離欲等の意味があるといわれています。

インドの古説に依りますと、この世の始まりのとき、光音天よりこの世に下りて大梵王となり、万物を作ったといわれていますが、『大智度論』巻十に、「世界に天あり、常に尊勝驕慢の法を求むるが故に自ら天地人物これ我より化作《けさ》すといえり。大梵天王の如し」といわれています。

仏教では色界初禅天の主とも十二天の一ともいわれ、帝釈天《たいしゃくてん》とともに仏教を守護する神祇とされていますが、その梵天の三度に亘る勧請によって釈尊が説法を始められたということは、一体何を暗示しているのでしょうか。

すなわち「梵天勧請」に示されているのは、仏教が加持感応によって始まったということであり、同時に、例え人語を以ては説くに説き難く、人間には受容され難き真理であろうとも、少しでも真理を知らしめるべく人語を以て説く努力は為されなければならないということであります。

## ●宗教の究極は加持感応である

では、「梵天勧請」が何故に加持感応であるか。すなわち、釈尊は如何に成道されたとはいえ、その身は欲界の人であり、梵天は色界初禅天の存在であり、人語を以ては通じ合わない異界の両者であります。梵天が、人間の言葉で釈尊に話しかけられた訳ではないのであります。

「世間」とは、「隔絶」を意味する仏教語であるといわれています。地獄・餓鬼・畜生・修羅・人間・天の六道を仏教は世間と名づけているのですが、それは同時に隔絶された世界という意味でもあります。例え地獄・餓鬼や天等の苦楽の六道があるといわれても、人間もまた隔絶世界の一員である限り、他の世界を感得することが出来ないのであります。ただ、先にタゴールの「愛は理解」という言葉を引用しましたように、深い愛のみが他の世界を思い遣ることが出来るのであり、愛犬などの想いが飼主に伝わることがあることは確かであります。

梵天は、決して人間の言葉で釈尊に説法を勧請されたのではなく、思念を以て釈尊に働きかけたのであります。そして菩提樹下の成道によって、俗煩悩を解脱して深い叡智に達せられた釈尊が、大梵天の思念を感得されたのであり、いうならば色界と欲界という異界を超えて大梵天と釈尊とが加持感応されたのであります。

では、隔絶世界である「世間」を超えるとは、すなわち「出世間」とは人語を超えるということでもあり、人語を超えて加持感応の世界に入るということに他ならないのであります。

そして、大梵天との加持感応によって釈尊の転法輪（説法の旅）が始まったのが仏教の起源であれば、仏教は加持感応に始まるといっても過言ではありません。もし、梵天の勧請

――、すなわち加持感応がなかったなら、仏教は存在しなかったことになります。仏教は種々に分類されます。いわゆる大乗・小乗、自力聖道・他力浄土、或いは顕教・密教というように分類されて、それぞれに定義されていますが、特に顕教と密教では、密教だけが加持の宗教であるかの如く喧伝されていますが、わたしは、仏教が大梵天と釈尊の加持感応によって始まった以上、総ての仏教は加持の宗教でなければならないと考えているのであります。

いや、仏教に限らず、宗教は総て神仏との加持感応によってのみ真実世界へ導入されるものであると、わたしは考えています。宗教とは究極に於いて神仏との加持感応の世界であって、知識や理論などで理解され得る世界ではないことを、『仏伝』の「梵天勧請」は教えているのであります。

## ●言葉を超えて真実世界へ

そして「梵天勧請」が教えるもう一つの重大事は、言葉の大切さを知る者のみが、言葉を超えた真実の世界へ到達することが出来るということであります。

自らが体得した悟りの内容（それは同時に仏の内証でもあるが）の、人語を以ては説き尽くせず、理解せしむることの至難を痛感された釈尊が、それでもなお説法の旅を続けられたのは何故であるか――。そこに示されているのは、言葉の重大性であります。すなわち、如何により真実に近く説くべきかを努力することが大事であり、その努力の中でのみ言葉の尊さが憶念されてくるのであります。

よくよく考えてみますと、わたしたちは言葉を失う世界へと向って歩いていることに気づくのであります。死ぬことは同時に言葉を失うことでもあります。

そして、死とは言葉を失い、言葉のない世界ではありますが、同じく言葉を失うにしても二種類の違いがあり、一つは言葉のない世界であり、一つは言葉を超えた世界であります。言葉を失った世界とは、文字通り言葉のない世界――すなわち、意思伝達の方法を持たない不自由の世界であり、いわゆる「隔絶」された世界「六道輪廻」であります。一方、言葉を超えた世界とは、加持感応によって言葉以上に真実が通じ合う神仏の世界であります。

そして、そのいずれに行くかは、生前如何に言葉を大事にし、如何に真理を説くべく努力をしたかによるのであり、ここに口業《くごう》の大事な所以があります。

「口四意三《くしいさん》」と言われますように、人間の守るべき身・口・意の十の戒めの中で、一番多いのは言葉に関するものであり、更にまた後に触れますが、修法に於いても口密《くみつ》成仏の作法である正念誦《しょうねんじゅ》が殊のほか大事にされる所以であります。それ程に言葉は大事にしなければならないものであるにも拘わらず、その戒めは守り難いものなのであります。

言葉ほど人の心を傷つけるものはないのであります。「口四意三」の「口四」とは、妄語・綺語・悪口・両舌の四つで、いわゆる嘘をいうこと、真実のない綺麗言《きれいごと》をいうこと、人を悪し様に罵ること、そして二枚舌を使って、人と人との仲を裂くこと、この四つを仏教は厳しく戒めています。生前、このようなことばかり言って生きてきた人たちの行くてに待ち受けているのは、言葉を失った世界であり、自らの想いを伝達することの出来ない「苦」と「忍従」の境界であるに違いありません。

では一方、言葉を超えた世界——すなわち、加持感応の世界とは何か。それは仏の世界であり、真実の通じ合う世界であります。そして、陀羅尼とは真言ともいわれるように、仏の真実の言葉であり、その陀羅尼を念誦する修法こそが、人語を超えて仏と加持感応する仏道修行なのであります。すなわち、言葉を超えて真実の世界へ至る道なのであります。

わたしは先に、「世間」とは「隔絶」を意味する仏教語であるといいましたが、世間とはすなわち六道であり、出世間——すなわち、六道を超えるとは、人間にしか通じない人語を超えて、総てに通じ合う加持感応の世界——すなわち、仏の世界に生きることでなければならないのであります。

## ●釈尊の転法輪に学ぶ

余談が続きましたが、「未灌頂の者に灌頂の大事を明かし、諸尊の内証を談じ、印言の秘義を説くべからず」という越三昧耶（越法罪）が、真言宗の布教をして真実から遠ざからしめ、勧善懲悪や因果応報等の世俗次元の布教に堕さしめた重要な一因であったことは確かであると思われるのですが、「諸尊の内証を談じ、印言の秘義を説くこと」を越三昧耶として禁じた真の理由は、それらの真実が人語を以ては説き難いものであり、むしろ聞く者をして誤解せしむることを恐れたためであるに違いありません。

然しそれでは、真言宗は伝法灌頂を受けた僧以外の在家者には、仏の真実の法は説いてはならないということになります。民衆は仏の教えなどは知らないでいい、ただ、真言宗の僧に祈祷を頼んでいればいいということになるのであります。

恐らく、平安や中世の密教はそうであったのでしょうが、現在では最早通用しない考え方であります。

ここで、わたしたち真言僧が肝に銘じなければならないことは、自らの悟りの内容の、人語を以ては説き難いことを痛感して、一時は説法を断念された釈尊が、梵天の勧請を受け入れて転法輪（説法）の旅へと歩み出されたということであります。

ここに示されているのは、如何に真実の法が人語を以ては説くに説き難いものであろうとも、如何に困難なことであろうとも、少しでも真実に近づくことが出来るように努力して、説き続けなければならない責務が密教僧にはあるということであります。

諸尊の内証――すなわち、仏の悟りの内容は、人間の知識や理屈で近づき得るものではなく、ただ加持感応による以外にはないのであります。従って、真言僧は真実を説くためにも、自らが行者となって修法し、諸尊との加持感応を得なければならないのであり、ここに布教者にとっては特に修法が大事である理由があります。

そして、本書公刊の目的もまた、修法の真実が少しでも世に知られるようにとの願いによるのであります。

## ●加持（修法）に対する世人の誤解

わたしはこれまで、たびたび加持感応という言葉を使ってきましたが、では加持とは何か。

岩波の『国語辞典』には、次のように解説されています。

「呪文を唱えながら仏の助け・保護を祈り、病気や災難を除くこと。真言密教からきている」として、「加持祈祷」という熟語を挙げています。そして「呪文」とは、「まじない・呪《のろ》いの文句」と解説しているのであります。

では、「修法」はどうか。同辞典は「密教で、壇を設けて行う加持祈祷の法」とありますが、この一連の解説から感じられるのは、加持や修法が如何にも原始的で、然も迷信的な呪術のように解釈されているということであります。

これに対して、同じ岩波の『広辞苑』は「加持」については、「(梵語)①仏陀が衆生を加護保持すること。②仏陀の加護保持を祈祷する法。真言宗・天台宗などで行う秘法。③まじない」として、やはり「加持祈祷」の語を挙げています。

そして「呪文」については、「①密教・修験道・陰陽道などで唱える神秘的な文句・呪。②呪術の最要部をなす唱文。一定の手続きの下で唱えると、自然力あるいは神や人間の行動を積極的に統御し得ると考えられる文節・語句または無意味な綴り字の連続など」とあり、更に「修法」については次のように解説しています。

「密教で、加持祈祷の法。壇を設け、本尊を請じ、真言を唱え、手に印を結び、心に本尊を観じて行う。祈願の目的の相違によって修行の形式を異にし、息災・増益《そうやく》・降伏・敬愛・摂召《しょうちょう》(鉤召《こうちょう》)などに分類する。大日・不動・聖天・薬師・鬼子母・観音など、本尊の相違によって種々の名称がある。密法・秘法」

さすがに『広辞苑』の方は、先の『国語辞典』の原始的まじない的なニュアンスの取り上げ方と違って、より宗教的に、そしてより詳しく解説はしていますが、この両者の解説に共通して底流しているのは、加持祈祷や修法を呪術的なものとする考え方であります。

試みに、「呪術」を『国語辞典』で引いてみますと、「超自然的・神秘的なものの力を借りて、望む事柄を起こさせること。まじない・魔法など」とあり、どちらかといえば、加持祈祷や修法といえば、神仏などという超人的・超自然的なものの力を借りて自己の願望を叶えさせようとするもののように、解釈されているようであります。そしてこれが、加持祈祷や修法に対する世間の常識のようでもあります。

勿論、世間の常識は、世間が勝手に作り出したものではなく、当然のことながら宗門の常識を反映するものですから、宗門じたいにこのような世俗的次元の思潮が瀰漫していることは確かでありましょう。

すなわち、加持祈祷や修法といえば、宗門じたいに、病気平癒や所願成就などの現世利益を成就するための祈祷であるという考えが定着してしまっているのであり、『国語辞典』に代表される世間の認識は、宗門常識の反映に過ぎないのであります。

## ●加持とは仏となること

加持とは仏となることであり、修法とはその為の修行であると同時に、仏の内証（内容）を体験する作法であります。

これは、前著『密教法具に学ぶ』にも取り上げていますが、加持というとき忘れてならないのが、弘法大師の次のお言葉であります。

「加持とは、如来の大悲と衆生の信心とを表す。仏日の影衆生の心水に現ずるを加といい、行者の心水よく仏日を感ずるを持と名づく」（『即身成仏義』）。

このお言葉は、真言宗ではよく加持の説明に引用されるものですが、果たしてその真義が理解されているかは疑問であります。何故なら、このお言葉は大変短い中に、実に幽玄なる加持の真髄が説かれているものだからであります。

先ずこのお言葉で注目すべきは、仏の働きを表す言葉が、最初は「如来の大悲」であったものが、後半では「仏日の影」に代わり、衆生の働きを表す「衆生の信心」という表現が、後半では「行者の心水」に変っていることであります。

これは一体、何を意味しているのでしょうか。すなわち「如来の大悲」に示されているのは、如来の衆生救済の働きは決して智慧としてではなく、大慈悲となって衆生に働きかけてこられることが示されているのです。

如来が金色燦然たるその真身を現されると万物が焼尽するといわれていますが、金色燦然たる如来の真身とは智慧を意味するのであります。親鸞聖人選の『一念多念證文』に、「この如来は光明なり、光明は智慧なり、智慧はひかりのかたちなり」とありますが、如来の金色燦然たる光明は智慧を象徴しています。

然し、如来がその本質である智慧の真身を現されると、この現象世界は智慧の火に焼き尽くされて、消滅するのであります。何故なら、この現象世界は如来大悲の絵筆によって描かれたものだからです。

言葉を替えますと、この世は衆生の煩悩が造り出した虚妄の世界であり、真実の智慧の光に照らし出されたとき、崩壊せざるを得ないのであります。如来大悲の絵筆によって描かれたというのは、衆生の煩悩が如来の大悲によって許容されたということに他ならないのであります。

それは、菩薩の修行を表す六波羅蜜が、先ず布施に始まって最後に智慧に極まっているのも、同じ真理を表現しています。すなわち、真の智慧は智慧そのものとしてではなく、慈悲の働きとなってこの世に現れるということであり、それを表しているのが「如来の大悲」というお言葉であります。

そして、この「如来の大悲」という語は、「衆生の信心」という語と対応するものであります。すなわち、相手が衆生であるとき、如来の智慧は大悲となって働きかけるということを意味しています。

そして次に、「仏日」の一語に示されているのは「如来の智慧」であり、従って「仏日の影」が意味しているのは、慈悲が智慧の影であるということに他ならないのであります。影と本体とは一体であり、不即不離の関係であるように、如来の智慧と慈悲とは一体であり、不即不離の関係であることを意味しています。

次に、この短いお言葉の中で最も大事なことは、「衆生の心水」が最後に「行者の心水」に変っていることであります。

「行者」とは、すなわち仏道修行者ですが、真言宗では修法者を行者と呼ぶのであり、ここでは修法者を意味しているのでしょう。すなわち修法者にして初めて、如来の大悲が仏日の影——すなわち、智慧の影現《ようげん》であることを感得し得るということが表されているのであります。

弘法大師のお言葉は、次のように続いています。すなわち、「行者もしよくこの理趣を観念すれば、三密相応するが故に、現身に速疾に本有の三身を顕現し証得すと」と。

三密相応するとは、身・口・意の働きが仏と一体となるということであり、本有の三身を顕現し証得すとは、行者が本来持っているところの仏の三身（法身・報身・応身）、すなわち仏身を現し証明することが出来るというのであります。

すなわち、本項の冒頭わたしは、加持とは仏になることであり、修法はその為の修行であり、仏の内容を体験する作法であるといいましたが、修法の本義は飽くまでも仏道修行——すなわち、仏となることであって、病気平癒や所願成就等の現世利益は、仏となることによって必然的に現れる効験に過ぎないのであります。

## ●人一人助ければ菩薩の位

死後に往生浄土を説く親鸞聖人に、次のようなお言葉があります。

「慈悲に聖道・浄土のかわりめあり。聖道の慈悲というはものを憫み悲しみ育むなり。しかれども思うが如く助け遂ぐること極めてありがたし。また浄土の慈悲というは念仏していそぎ仏に成りて大慈大悲心をもて思うが如く衆生を利益するをいうべきなり。今生にいかに愛し不憫と思うとも存知のごとく助け難ければこの慈悲始終なし。しかれば念仏もうすのみぞ末徹《すえとお》りたる大慈悲心にて候べき」

意味するところは、いかに人間的に人を助けたいと思っても、人間の力では助け遂げることは不可能であり、唯仏のみがよく助けることが出来るのであるということですが、その為には浄土教では念仏によって死後極楽往生して、仏となって衆生を救済するというのでありますが、「即身成仏」を説く真言宗では「修法」によって、生きながらにして仏となって衆生を救済するのであります。

「人一人助ければ菩薩の位」という諺がありますが、死後か、或いは生きながらにしてか、そのいずれかは問わず、いずれにしろ人は仏にならなければ本当には人を助けることは出来ないのであります。

わたしが、内心に越法罪抵触の怖れを抱きつつも本書公刊を決意しましたのは、加持祈祷や修法に対する世間の誤解を解消して、その真義の片鱗でも知らしめることが出来るならばとの、ただその一念に他ならないのであります。

## ●修法の種別

既に述べてきましたように、修法は密教の生命ともいうべきものであり、真言宗では修法を行う者を「行者」と称します。従って、わたしたちの若い頃の老僧方は、よくご自分のことを「われわれ真言行者は」といわれていたものでありますが、現在では法流伝授や事相講習会が盛んであるにも拘わらず、逆にこの呼称がとんと聞かれなくなったようであります。ということは、法流や事作法（修法の作法）が単に知識としてのみ受容されて、「行」としては実践されていないことの表れとも受け取られますが、単なる祈りの所作事を知識の如く思い込んで受容しているということになりますと、大変お粗末なことであるばかりではなく、先に掲げた三種重罪の一である退三昧耶禁を犯すことになるのではないかと思われるのであります。

知識ということであれば、一々の所作が如何なる教義・教理を秘めているかを知り得てこそ、知識といえるのでしょうが、知識が知識のままにとどまっていては宗教とはいえず、学術に過ぎなくなります。その知識が仏への帰依となったとき、初めて宗教といえるのであります。

では何故に、修法が「行」として実践されないかといえば、恐らく仏道修行という修法の本義が理解されず、単なる法要の作法や、或いは病気平癒や所願成就の祈祷の所作事に過ぎないと誤解されているからに違いありません。

何のために修法するのか。修法には如何なる功徳があるのか。本当に修法には効験があるのか――という疑念が払拭されないところにこそ問題があるのではないかと思われます。本書が、その疑念払拭に些かなりとも役に立つのであれば望外の喜びであります。

　では、修法とは何か。『密教大辞典』は、「本尊の供養法を修するをいう」と定義しています。そして、密教では多くの仏・菩薩等を本尊として祀るが故に、修法の儀式次第を説く聖教もまた甚だ多いと解説しています。

　そして修法の種別については、大法・秘法・普通法の三種としていますが、大法とは金剛界と胎蔵界のいずれかの法による作法大儀なる修法を指し、秘法というのは祖師先徳が秘蔵して妄りには伝授しないもの、例えば後七日御修法《ごしちにちみしほ》のようなものを意味し、普通法というのは大法でも秘法でもない普通尊法であります。

　また、大法であって秘法ではないもの、秘法ではあるが大法ではないものがありますが、大法であって然も秘法でもあるものもあります。いわゆる真言宗の年頭を飾る後七日御修法が、これに相当します。

　そして、修法の目的によって分けるときは、三種・四種・五種・六種に分けます。三種法とは息災・増益《そうやく》・降伏《ごうぶく》（調伏）をいい、四種法はこれに敬愛または摂召《しょうちょう》（鉤召《こうちょう》）を加え、五種法は息災・増益・降伏・鉤召・敬愛の五種、六種法は五種法に延命法を加えたものをいいます。

　更に、供養法の組織（構成）によって分けるときには大法・別行法・十八道法となり、本尊とその眷属の数によって分けるときは十七尊立・三十七尊立の称があり、修法壇の数によって一壇法・二壇法・三壇法・四壇法・五壇法の別があります。

そしてまた、大法・中法・小法の別もありますが、これには壇数によるものと、伴僧の数によるものとがあり、壇数によるものは五壇構・四壇構を大法、三壇構・二壇構を中法、一壇構を小法といいます。

そして、伴僧の数による場合は、十六口《く》・十八口・二十二口を大法、八口・十口・十二口を中法、六口以下を小法といいますが、十二口・十四口・二十口を大法に加え、四口を小法の最略とする説もあります。

## ●修法が秘める思想

ここで、些か蛇足の嫌いはありますが、先に述べました修法の目的別による三種から六種の修法の一々について触れておくことにします。

### 息災法

先ず、三種から六種のいずれにも出てくる最もポピュラーな修法が息災法ですが、これは梵語を訳したもので、息災・寂災・除災等に作られ、その名の如く、諸々の災害や苦難を止息して、無始の煩悩罪業を滅除する法であります。

この法を修するには、行者は北方に向い、色は白で、修法壇や護摩炉は円形（但し流志訳『一字仏頂輪王経』によれば大壇は方形）を用いることになっています。

行者が北方に向うのは、季節に配すれば北方は冬に当たり、五行（古代中国の学説で五つの元素。人間生活に必要な五種の材料）に配すれば水に当たりますが、冬は草木が枯れる季節であるところからこれを除災に当て嵌め、これを修する時に装束や壇などすべてを白色にするのは、白色は水大を象徴し、水は自性清浄にしてよく諸々の不浄を洗い清めるところから、これを息災の色としています。

また、世間の一切の熱悩は火に譬えられますが、水はその火を消すものであり、毘盧遮那如来の慈水よく世間の災禍を消すことが象徴されています。

然し、息災法が白色に象徴されるのはそれだけの理由ではなく、実は修法の基盤をなす清浄心を象徴しているのではないかと、わたしは考えているのであります。

何故なら、息災法は修法の原点・基盤ともいうべきものであり、この息災を基盤として、その上に増益や敬愛等の修法が加えられるものだからであります。

それは、五仏・五智を象徴する五瓶華《ごびょうけ》に於いて、その基盤ともいうべき中央大日如来の法界体性智《ほうかいたいしょうち》が白に象徴されているのと同じではないかと思うのであります。仏教の象徴である五色の原点が白であるように、修法の原点・基盤をなすものは行者の清浄心でなければならないと思うのであります。

また、円壇・円炉を用いるのは、円は五大に配するとき、北方水大の形を象徴するものであり、更にまた、円形は十方無碍にして一方にとらわれることがありませんが、一切の災難はすべて執着によって生ずるのであり、執着がなければ災難もなく、従って円形が息災の象徴とされているのであります。

更にまた、この法は初夜（夜の初め）に開白するものとされていますが、それは初夜が夜の静寂に入る始まりだからであります。

そして、息災は大日如来の三摩地でもあります。三摩地は古くは三昧とも訳されますが、心を一境に専念して妄念を離れ、心寂静にして動乱しないところから等持とも訳されます。等とは正しく心を持することを意味し、持とは諸々の功徳を持つという意味であります。

## 増益法

次に、息災法と並んでよく修されるのが増益法《そうやく》です。これも三種・四種・五種・六種法の一つで、梵語の訳で増益・増長・増栄などの義があるとされています。

『八字文殊軌』には求福智門、『毘那耶伽秘要《びなやか》』には「求財《ぐざい》」と名づけられており、五穀成就・福寿増長等を祈る法であります。

そして、この法を修するには行者は東方に向かい、黄色の法衣を被着し、壇も黄色に塗り、護摩の場合は壇・炉・護摩木等は方形を用いることになっています。

東方に向かって修する所以は、東方は四季に配するときは春に相当し、五行に配すれば木に当たりますが、春は陽気発生して万物生長の季節だから増益に当たり、黄色は地大の色で、大地は万物を出生する所であるために増益法に相当すると説かれています。光明真言を誦するときの五色光印でも、地を表す小指は黄色を象徴しています。そして、方形は五輪に配すれば、阿字・地大の形であります。

また、すべての色は黄色を加えることによって更に色を増して艶やかになるために、増益法を象徴するといわれています。

更にまた、この法は晨朝に開白することになっていますが、それは朝、太陽が出て次第に明るくなってゆく様が増益を象徴しているからであります。

余談ですが、毎年新年の劈頭を飾る後七日御修法という真言宗最高の修法が、弘法大師が真言宗を立教開宗された京都の東寺で、真言宗各本山の山主を初め最高位者によって、一週間に亘って修されますが、その道場への往還に、進列する修法者のなかで二人だけが皆と異なる法衣を被着しているのを見ることが出来ます。一人は白、そしてもう一人は黄色の法衣をつけていますが、白の法衣を着ている人は息災護摩を修し、黄色の人は増益護摩を修する人であります。

## 降伏（調伏）法

次に、何となくおどろおどろしい感じがするのが降伏《ごうぶく》（調伏）法であります。これも、三種・四種・五種・六種法の一つ。梵語の訳で折伏《しゃくぶく》法、或いは破壊法とも呼ばれ、五大明王等の法を修して怨敵や悪魔を調伏《ちょうぶく》する法であります。

映画や芝居の時代劇で、大名家のお家騒動などによくこの調伏法による護摩祈祷風景が出てきますが、第二次大戦中には戦勝祈願によく修された修法であります。

然し、本来は煩悩・悪業の勢力を調伏するのが目的の法でありますから、自分の利害打算や怨念等で修するなどは言語道断であります。

『金剛頂義訣』（上）には、釈尊滅後悪人が多くなり、大勢力を恃んで邪道に従い、正法を信ぜず三宝を破壊するのを悲しんで、この法が修されたと説かれており、濫《みだ》りにこの法を修すればかえって害を招くとも説かれています。

また、降伏法は本来大慈悲心によって修されるものですから、修法の目的が叶えられた後は必ず、息災法を修して相手に慈悲を注がなければならないのであります。

　そして、この降伏法を修するには、行者は南方に向かい、色は赤または黒。壇や炉は三角形、または半月形を用いますが、『一字仏頂輪王経』には方形《ほうぎょう》壇を用いることが説かれています。

　南方に向かって修するのは、南方が四季に配するときは夏に相当し、五行に配するときは火に当たるためで、夏は炎熱盛んにして万物を焼き、火もまた物を焼尽する働きがあるから、降伏を象徴するというのであります。

　また、行者が赤または黒色の法衣を被着し、壇もまた赤や黒に塗るのは、赤色は五輪では火大の色で、猛火熾烈にして万物を焼き尽くして余すところがなく、それが降伏法を象徴しているといわれ、五色光印でも、中指は火大と赤色を象徴するのであります。

　更に、黒色は風大の色で、風大には大力を以て万物を摧破する作用があるため、降伏法に相応しいとされています。また、壇や護摩炉の三角形は南方火大の形を表し、半月形は風大の形を表すとされています。

　そして、この法は日中に開白するとされていますが、その理由は、日中は炎熱盛んにして万物を枯渇せしめるから、この法に相応しいとされていますが、一説には夜半に修すべしともいわれています。

また、降伏護摩法には、これを摂化降伏・除難降伏・無名降伏・悉地降伏の四種に分けて、王難・賊難・兵難や怨讐、更には諸々の邪法の障害等を除くという功徳が説かれています。

### 敬愛法

敬愛法とは、四種・五種・六種法の一つ。梵名を訳して敬愛・歓愛・愛敬・求愛・慶愛等と名づけられ、『不空羂索経《ふくうけんざくきょう》』（九）には「摂導」とも呼ばれています。和合親睦を祈る法であります。

この法を修するには、行者は赤色の法衣を被着して西方に向かい、供具・法器等は赤色、壇や炉は蓮華形を用いることになっていますが、方形壇を用いることもあります。

西方に向かうのは、四季に当て嵌めるとき、西方は秋に当たり、五行では金に当たりますが、秋は万物結実の季節であり、金は世人の愛するものであるところから、敬愛法に相応しいとされています。

また、赤色を用いるのは、赤色が和合敬愛を象徴し、壇や炉を蓮華形にするのは、西方蓮華部の徳を表しているのであり、蓮華は万人が愛する花だから敬愛を象徴するといわれています。

そして、泥中に根ざして汚泥に染まらず、美しい花を咲かせる蓮華が煩悩即菩提、生死即涅槃を象徴するように、敬愛法もまた煩悩を断ぜずして菩提に到ることを意味しています。

敬愛法は後夜（夜明け前）に開白すべしとされていますが、後夜は夜が極まると同時に夜が明けようとする時――すなわち、陰極まって陽発する不二の時であるところから敬愛法に相応しいとされているのですが、『瑜伽軌』にはただ「夜に於いて敬愛を作せ」とのみ説かれているところから、古来異説が多いとされています。

また、『檜尾《ひのお》護摩法略抄』には、敬愛法を一に媚びて相愛するという媚厳愛敬、二に己れに悖る者を折伏して後にこれを随順せしめる信伏愛敬、三に世の夫婦をして互いに敬愛せしむるという和合愛敬、四に己心に随順しない者を鉤召《こうちょう》して敬愛させるという鉤召愛敬、五に三悪趣六道の者の無明をして本覚の仏果に帰入せしめる悉地愛敬の五種に分けて説かれていますが、一々の解説は煩雑になりますので割愛させて頂きます。

### 鉤召法

次に鉤召法ですが、普通には四種法中の敬愛法より開いて五種法・六種法の一つとしますが、四種法の一とすることもあります。一般的には、自らが愛楽するものを召入して自らに従わせる法のように解釈されて摂召法《しょうちょうほう》ともいわれています。

然し、本来は三悪道の衆生を鉤召して人界や天道の善所に生ぜしめ、或いは三界六道に流転輪廻する無明をして、衆生が本来持つところの菩提に召入するための法であります。『瑜伽軌』によれば、阿閦《あしゅく》如来を本尊として方角は諸方に向かってよく、色は赤、炉は金剛形、坐法は半跏坐で、一切の時に修法を修することが出来るとされています。

## 延命法

延命法とは、六種法の一つ。文字通り延命・長寿を願う法であります。この法は息災法の関連法であり、方角や着衣・壇・炉などの色や開白の時間などは、すべて息災法に準拠するといわれています。

この法は、『金剛寿命陀羅尼念誦法』『金剛寿命陀羅尼経法』を本拠として、延命菩薩を本尊として修する法ですが、普賢延命法とこの延命法とは同一の法で、ともに普賢延命を本尊として同一儀軌により、同一の印明を用います。単に延命法と称するときは普通法で二臂の菩薩を本尊とし、普賢延命法と称するときは大法立にして二十臂の菩薩像を本尊とするとされています。

なお、延命菩薩とは、金剛薩埵が延命の本誓を発して延命の真言を説かれる姿を表しているのであります。

以上、六種法の一々の概略を駆け足で述べてきましたが、これが祈願の目的別による修法の基本であります。

また、修法には別尊法という名称もあります。諸尊法、或いは一尊法とも称され、一門別徳の諸尊――すなわち、観音や地蔵菩薩、或いは不動明王や五大明王等々の一尊一尊を本尊として行う修法の名称であります。

## ●修法の理念と構成

### 大法・別行法・十八道法

では、修法とはどのようなものであるか。如何なる理念に基づいて、どのように構成されているのか。

先に、修法の組織（構成）によって分類するときは大法・別行法《べつぎょうぼう》・十八道法に分けられるといいましたが、構成について説く前にこの三種の概略について触れておきます。

先ず大法ですが、これは作法大儀なる法という意味であります。いうならば、大層な作法ということでありましょうか。

前にも触れましたが、大法という場合には二種の意味があって、一つには壇数や伴僧の口数による外儀（外観）の大法で、これは中法・小法に対比して称されるものですが、ここにいう大法とは別行法・十八道法に対比して称されるところの、いわゆる行法（内容）の大法で、金胎両界いずれかの広次第を修するか、或いは広次第に諸尊を引き入れて修するときに称されるもので、「次第の大法」とも名づけられています。

次に別行法ですが、これは単に別行とも称され、別行立で修されるものですが、両部大法立・十八道立とは別の組織（構成）による行軌という意味ではないかといわれているのであります。流派によっては十八道立と同一とするものもあります。

然し、普通には十八道に四無量心願・勝願《しょうがん》等を加えたものを指しますが、これに加える印明も広略様々あって、二種・三種・四種・五種・八種・九種・十種等の別がありますが、今は煩雑を避けてその詳細は割愛することにいたします。

次に十八道法ですが、『密教大辞典』には次のように解説されています。

「十八契印《げいいん》を本として組織する修法をいう。十八個の印言を修する功能によりて、仏果の覚位に到るが故に十八道という。またこの十八契印は皆是れ如来の内証果地の智印なるが故に十八道という。十八道はその修するところ印度の俗法に準じて本尊を招請し、供養する儀式に他ならざれども、遮情門《しゃじょうもん》には般若の十八空を標幟し、表徳門《ひょうとくもん》には我等凡夫の有漏《うろ》十八界そのまま本尊の内証法門にして、法身如来の功徳なることを標幟す」

大変難しい解説で、ここには遮情門《しゃじょうもん》とか般若の十八空とか、或いは表徳門《ひょうとくもん》とか凡夫の有《う》漏《ろ》十八界というような難解な教義を表す用語が出てきますが、端的に言えばここに表現されていますのは、諸種の修法に用いられる十八種の契印《げいいん》はすべてが如来の悟りの内容を表すものであるとともに、衆生の煩悩をも表すものであり、衆生の煩悩そのままが如来の衆生救済の作用となるという、煩悩即菩提の真理が説かれているのであります。

遮情門とは真言密教の法門を解釈する十六の法門の一つですが、この十六の法はすべてが密教の深い教えに入る門という意味で「十六玄門」と呼ばれているのですが、ここで想起されるのが「玄関」という世間語であります。

「玄関」は本来仏教語で、奥深い教えの関門——すなわち、入口という意味ですが、それが寺院建築の用語となり、禅寺の客殿や書院の入口などを指すようになり、現在では一般の家屋の入口を意味するようになったものであります。

また「遮情」とは、普通は消極的に真言の功徳を表すもので、文字や言語によって表現されるすべてのものは、その本性は無相であって執着すべきではないと悟り、凡夫の迷いを打ち捨てて仏道を修行することを意味し、「表徳」とは、あらゆるものは本来不生であると悟って、積極的に真言の功徳を顕すことを意味しています。

また「般若の十八空」とは、般若とは智慧による空観を意味しますが、十八空の十八とは十八界を指し、十八界とは一身中に十八種類の法がそれぞれ種類を異にし、それぞれ同じ状態で続いていることを意味するのであります。

すなわち、眼・耳・鼻・舌・身・意の六根に、その対境である色・声・香・味・触・法の六境と、この感覚器官と対境を縁として生じた眼識・耳識・鼻識・舌識・身識・意識の六識（識とは認識するという意味）で、この三者を合わせた十八界（界とは種類・世界の意）をすべて空と観ずる般若の智慧を指し、また、凡夫の有漏《うろ》十八界の「有漏」とは煩悩を意味し、眼・耳・鼻・舌・身・意等の十八界に執着する煩悩を意味するのであります。

また、十八道と称する所以は、この十八の印明を修することによって、仏の悟りに到るという意味で「道」と名づけるのであります。

## 求道と求法について

「道」ということの意味について触れたついでに、ここで「求道」と「求法」ということについて一言しておきたいと思います。何故なら、最近の青年僧には、「求法」は判るが「求道」の意味が理解されないという現象が見られるからであります。

わたしたちの青年時代には、この「求道」という言葉に大変魅力を感じたものですが、最近の青年僧には「求道」の意味が判らないそうであります。「道とは何の道ですか」という反問が返ってくるのであります。

「求道」の「道」とは仏の道であり、仏になるための道であります。従って求道とは、仏となるための道を求めることであります。

では、一方「求法」の「法」とは何か。すなわち、仏の説かれた真理を意味し、この真理を求めることによって仏になろうとすることであります。

従って、「求道」も「求法」も本来は同じ意味ですが、「法」には法律や法令・法規などというように社会生活上の規範や、規範を決めた条文というように、規則という意味もあり、現代の青年僧たちが理解している「求法」とは規則という意味であり、修法の作法を記したもの――すなわち、これを「次第」と名づけるのですが、その次第を求めることが「求法」だと考えているようであります。

すなわち、青年たちがいう求法とは、理趣経法や不動法・土砂加持法や光明真言法などの法要の次第（作法）を求めることに他ならないのであります。

勿論、修法もまた仏となるための道の一つですから、究極に於いては求道と同じことではありましょうが、修法の次第（作法）を求めることを求法だと思い込んでいる現代の青年僧たちのなかに瀰漫しているのは、真理を求める真摯さからは遥かに遠い即物性であり、形而下的思考に他ならないのであります。

## 供養とは何か

では、修法とは如何なる理念で、どのように組み立てられているのか。

先に、修法とは本尊の供養法を修することであるという『密教大辞典』の定義を掲げましたが、では供養とは何かと申しますと、これが大変複雑な内容を持っていて、簡単には解説し難いのであります。

わたしが育ちました九州では、年回忌法要のことを「供養」と呼ぶ習慣《ならわし》がありましたが、それは死者の霊に読経を施すとともに、参列の人々に飲食を饗応することを意味しているのでありましょう。

『仏教大辞彙』には、次のようにあります。「供給資養の義。尊尚の意を表し、或いは厳飾を加え、或いは飯食・衣服等を以て仏法僧の三宝及び父母・師長・亡者等に供え、これを資養するをいう」とあり、供養の種類や方法・供養の対象等について十種類の分類が経論には説かれていることが解説されています。

例えば、二種供養について『十住毘婆沙論』巻一には、「一には能く大乗正法のもしは広もしは略を聴き、二には四事供養し恭敬礼侍する等なり」とあり、同じく二種供養について『大日経供養法疏』には、「理事の二供養あり、会理入証を理供養とし、香華を供するを事供養とす」とあり、その他にも十種類に亘って様々な供養の種類や対象等が説かれていますが、煩雑になりますので割愛して、ここでは修法に必要な理事の二供養があることだけに触れておきます。

すなわち、理供養とは略して理供ともいい、修法に於いて六種供養等の印明《いんみょう》を結誦することを意味します。直接事物を供養せず、理による供養という意味であり、印明を結誦して加持すれば、印契《いんげい》より無量の供養物が流出して、無辺の諸仏の国土に到りて供養するということが、儀軌には説かれています。

これに対して、事供養とは事供ともいい、塗香や華鬘等の事物を実際に供養することであります。儀軌には、一摘みの香や一輪の花を捧げて三密加持すれば、その加持力によりて三世十方の一切諸仏に供養することが出来ると説かれています。

この他にも、『普賢行願品疏』には財・法・観行の三種供養が説かれています。財供養とは世間の財宝や香華等を供養することであり、法供養とは仏の説かれた教法のように菩提心を発《おこ》して自他二利を行ずることであり、観行供養とは一即一切・一切即一の事々無碍の深観を行ずることであるなどと、大変難しい解説がありますが、ここでわたしたちが留意しなければならないのは、仏への供養とは何を意味しているかということであります。

端的に言えば、世間の財宝や或いは香華等を諸仏諸菩薩が本当に欲して居られるであろうかということであります。では、真の供養とは何か——それを、修法の作法に秘められている真理とともに明らかにしてゆきたいのであります。

## 本尊を賓客として迎える

『密教大辞典』は、修法とは本尊の供養法を修することであると定義し、最も基本的な修法ともいうべき十八道法を例にとれば、本尊の供養をするのは賓客を饗応するインドの儀礼に準拠したものであると、次のように解説しています。

すなわち、初めに行う護身法は、賓客を迎えるに際して主人が礼儀として礼服を身に着けることを意味し、次の地結等の前結界は家の外柵等の修造を意味し、次の道場観等は家屋・居室の荘厳、次の送車輅《そうしゃろ》・迎請《げいしょう》（召請《ちょうしょう》）等は客を迎える儀式、現代風に言えば客を迎えるために車を差し回すようなものでしょう。

そして、次の虚空網等の後結界は障害等の起こらないための用意であり、次の前供養はまさに饗応を意味し、次の入我我入観・正念誦・字輪観は客と喜びを一にするもので、一座修法の主体となるものであり、次の後供養は客が帰るに際してもう一度ご馳走することで、終りの解界《げかい》は客が帰るに際して障碍にならないように飾りを取り除き、最後の撥遣《はっけん》は客を見送る儀礼である――と、解説されています。

然しわたしは、この譬えには満腔の賛意は表し得ないのであります。何故なら、余りにも俗的な譬えだからであります。わたしは修法とは、外なる鋳造繪木の本尊を賓客のように修法壇上に招いて、供養が済めばまた元の鋳造繪木の仏像に戻すのではなく、本来わが内なる、いわゆる深層意識に安置する本尊を顕在意識に遷座して供養することであると考えているからであります。本尊は、決してわたしとは別のお客様ではないのであります。

同時に、この賓客を招くという譬えは、自身即仏となる修法の譬えとしては余りにも世俗的に過ぎる感を禁じ得ないとともに、出世間法たる仏教の、然も仏の境地を体験するという最も聖なる作法である修法に、世俗の仕来りなどを模倣する筈がないと思われるからであります。

もし外なる本尊を招いて、供養が終わればお帰り願うということであれば、修法終了と同時に本尊と行者は別々の存在となり、行者は元の泥凡夫に戻ってしまうことになります。果たしてそれでいいのでしょうか。それでは、修法の最後の解界で地結を解かず、護身法で浄三業を解かない意味が無くなるのではないかと思われるのであります。

それは兎も角、以上で修法の大要についての解説を終え、次章では修法の作法に秘められている真理（教理）について触れてゆきたいと思います。

# 本章●修法の作法が象徴する真理

## 布教の大家の失敗談

修法の作法に秘められている真理についてと申しましても、修法を語ることは用意ではありません。

一口に修法と申しましても、法流によってその次第や作法には些かの違いがありますが、その法流は「野沢《やたく》根本十二流（各六流）から別れて三十六流七十余派」があるといわれております。

いずれの法流によって話を進めるか、大いに思案をしなければならないところであります。

曽てわたしは、或る布教の大家から、次のような述懐を聞かされたことがあります。その方が或るとき京都の寺の説教会に布教師として招かれたのですが、壇上に上がり、法話に先立ち、お授けのために塗香器の蓋を取り、塗香を摘もうと指を入れたら、ピチャッと指が濡れてしまった。何と塗香器と思ったのは、実は洒水器であったという、笑い話にもならない失敗談だったのであります。

だが、その失敗そのものよりも、その事について言われた「京都辺りでは、塗香器と洒水器とは反対に置くのが流行っているのか」という言葉が、今も強烈にわたしの記憶に残っているのであります。

その布教の大家の法流は何流かは知りませんが、招かれた京都の寺の法流は西院流だったのでありましょう。

わたしは先に、「野沢根本十二流」という言葉を使いましたが、野沢の「野」は京都の小野地方を意味し、「沢」とは右京区の広沢池周辺を表しているのですが、今に伝わる真言宗の法流はこの二地区を源流として起こっているのであります。

このように数多い法流にあって、その基本をなすのは小野流と広沢流、それに高野山を中心とする中院流があり、小野流諸流を「小野方」、広沢流の諸流を「沢方」などとも称しますが、その根本的な違いは、修法壇の脇机に置く塗香器と洒水器の位置が正反対であるために、先の布教の大家のような失敗が起こったのであります。

塗香器と洒水器は、京都辺りだから反対に置くのではなく、法流に従って置いてあるだけのことですが、その方は説法に於いては権威ではあったのですが、事作法については些か知識が足りなかったのではないかと思われます。

## 何故に西院流十八道であるか

小野方と沢方の違いは、単に塗香器と洒水器の位置が反対というだけではなく、修法の基本ともいうべきものが、沢方では『十八道念誦次第』であるのに対して、小野方では『聖如意輪観自在菩薩念誦次第』であるというように随分異なる点があり、従っていずれの法流によって話を進めるかによって、内容もまた変わらざるを得ないのであります。然し、いずれの法流によって話を進めるか、悩まざるを得ないのは事相家の方々であって、事相家でもないわたしには、自らが仏縁を得た西院流によって話を進める以外には道はありません。何故なら、「阿闍梨の印可を得ずして濫りに聖教・口訣等を繙く勿れ」という越三昧耶の法を尊重するが故であります。

更にまた、一口に修法といっても、真言宗には実に様々な修法があり、いずれの修法を語るかによっても内容は変わってきますが、その数多い修法のなかにあって、修法の基本ともいうべきものに『四度加行』というのがあります。

四度といいますのは、十八道・金剛界・胎蔵界・護摩の四度法を修行するもので、真言宗の僧は必ずこの四度加行を経たのち伝法灌頂を受けて、阿闍梨（師範）という一人前の僧となりますが、先に修法の種別でも述べましたように、金胎両部の法は大法――すなわち、作法大儀なる修法であり、これを解説することは容易ではなく、一書に納まるものではありません。

本書の目的は、飽くまでも世間の人々に、密教の修法とは如何なるものであるか、如何なる修行であるかということを知って頂くことであり、その為に、僅か十八の印明（印契と真言）によって組み立てられていて、然も修法の最も基本ともいうべき『十八道念誦次第』によって、修法の理念について話を進めたいと思います。

## ●普礼—同時成仏の真理

### 何故に金剛薩埵か

本題に入ります。

西院流『十八道念誦次第』を繙きますと、「先入堂」とあり、修法者（行者）は道場に入って礼盤に向かうとき、「吾が身は是れ金剛薩埵の身なるが故に歩々の足下に八葉の蓮華開《かい》敷《ふ》すと観ぜよ」とあります。

修法は、行者の身・口・意の三業を、仏の身・口・意の三密（清浄なる作用）に合致させるものですから、身に仏の作業を行じ、口に仏の言葉である真言（陀羅尼）を誦じ、心に仏の想念を観想するものであります。従って、観想は修法の大事な要素であり、実に修法は自らを金剛薩埵と観想することに始まるといっても過言ではありません。

菩薩とは、如来がこの世に来生された姿——すなわち、如来のこの世に於ける衆生救済の活動を人格化したものであると、わたしは考えていますが、金剛薩埵とは、法身大日如来のこの世に於ける衆生救済の活動に他ならないのであります。

では、何故に我が身は金剛薩埵なのであるか。修法道場に入った途端に、理由もなく突然金剛薩埵になったのでしょうか。

如何にこれから修法をするからといって、人は突然菩薩になる訳はありません。菩薩になるにはそれなりの理由がなければならないのですが、ここで想起されるのが『理趣経』の聴衆が菩薩ばかりであるということであります。

## 『理趣経』読誦の条件

これは前著『密教法具に学ぶ』の（付・読経の精神と功徳）でも触れており、そしてまた、些か長くなりますが、重要なことなのでご辛抱下さい。

真言宗の重要な経典で、然も最もよく読誦される『理趣経』には、他の大乗諸経典とは異なる幾つかの特徴がありますが、なかでも大きな特徴は、経典の冒頭に出てくる説法者と聴衆と会所であります。そして、この三者は密接な関係があります。

先ず説法者について申しますと、他の大乗諸経典の説法者は歴史上の人物とされる釈尊であるのに対して、『理趣経』の説法者は法身《ほっしん》大日如来であります。

釈尊は曽て人間としてこの世に出生して、修行の果てに成道した報身仏《ほうしんぶつ》ですが、大日如来は宇宙の根本大生命ともいわれ、宇宙に遍満する生命そのもので、特定の形ある存在や、有限的な存在ではありません。従って、その違いが説法の場所や聴衆の違いともなっているのであります。

史上の人物である釈尊が説かれた場所は、釈尊在世時のインドの王舎城耆闍崛山《ぎしゃくっせん》や祇園精舎、或いは竹林精舎という、この世に於ける実在の場所ですが、この現実世界を超える存在である法身大日如来が説法された場所は、第六天の魔王と言われる他化自在天王《たけじざいてんのう》の宮殿であります。

ここは、地獄・餓鬼・畜生・修羅・人間・天の六道――これを仏教は隔絶された世界という意味で「世間」と名づけ、また生存欲の世界として「欲界」とも名づけますが、その六道のなかの最高世界である天の、更に最高である第六天の世界であり、最高善事の果報としてのみ受けることの出来る快楽世界であります。

史上の人物である釈尊によって、この世の実在の場所で説かれた説法に集う聴衆は、先ず釈尊の愛弟子である大比丘衆であり、そして次に雲集する菩薩や、更に天・竜・夜叉等の鬼神の類ですが、飽くまでも聴衆の中心的存在は釈尊の愛弟子たる大比丘衆であります。

これに対して、この現実世界を超えた他化自在天に於ける法身如来の説法に集うのは、金剛手菩薩や観自在菩薩・虚空蔵菩薩等八人の菩薩に代表される八十億の菩薩衆のみであります。

そして、それは同時に『理趣経』の読誦者もまた菩薩だけだということであります。何故なら、法身大日如来の説法である『理趣経』を読誦するということは、取りも直さず大日如来の説法を聞くことに他ならないからであります。従って、『理趣経』読誦者はすべて菩薩とならなければならない――というよりも、菩薩とならなければ『理趣経』は読誦することを許されないということになります。

菩薩とならなければ『理趣経』読誦は出来ないという真の意味は、たとえ読誦しても、菩薩――すなわち、真の求道者の精神を以て読誦しなければ、その真義を感得することは出来ないということであります。

では、何故に菩薩でなければ『理趣経』は読誦出来ないのであるか。それは、『理趣経』が他化自在天というこの世ならざる世界で説かれた経典だからであります。

## 妙適とは何か

他化自在天は、最高善事の果報として受ける「妙適《みょうてき》」の世界であります。すなわち欲界六道とは、善悪の果報によって生じる世界であり、それを仏教は「隔絶された世界・世間」と名づけるのですが、他化自在天は最高の善事をなした者のみが果報として生じる世界であって、誰しもが行ける世界ではないのであります。善悪の価値観に捕われ、善悪の業報に縛られているわたしたちには行けない世界であります。

ここで些か余談にはなりますが、『理趣経』を論ずる場合、常に問題となる「妙適」なる語の真義について、簡略に触れておきます。

『理趣経』は、その経題も『大楽金剛不空真実三摩耶経（般若波羅蜜多理趣品）』というように、大楽思想を説いたものであるとされていますが、その大楽なるものを説くのに、男女間の肉体的性愛の様相をもって譬えているとされ、その男女の性愛の展開を説く場面が、初段のいわゆる「妙適」に始まる十七清浄句であるとされてきたのであります。

古来『理趣経』は、未得度者（在家者）には説くべからずとされてきました。それは、『理趣経』が大楽思想を説くに性愛を以て譬えているから、世間に『理趣経』を誤解せしめるからであるとされていますが、実は『理趣経』をして最も誤解しているのは、「妙適」の語を性愛に於ける肉体的快感の極致であり、十七清浄句を性愛の展開であるなどという解釈を踏襲している真言宗自体ではないでしょうか。

端的に言えば、「妙適」とは決して性愛による快感などを表現する言葉ではなく、寿命は人間の千六百年を一昼夜として一万六千歳、身長は十六由旬（一由旬には様々な説がありますが大人の三百六十歩、或いは二里半とする）、欲界の最高天に在って、己《おのれ》より弱位の者の快楽を自在に奪って、これをおのが快楽とするところから他化自在天と名づけられたと言われていますが、『理趣経』じたいにも「一切の如来が常に遊処して吉祥と賞嘆し給う大摩尼殿」とありますように、すべてが己の意に従って、何一つとして不如意なるもののない「意滋《いし》沢《たく》」、すなわち満ち足りた他化自在天の風光（境遇）を「妙適」と表現しているのであります。

弘法大師は、『理趣経開題』（施主のために理趣般若を講ずる文）に於いて次のように説いて居られます。

「それ生死《しょうじ》の河は恩愛によりて深広なり、涅槃の山は福智を積んで高大なり。いわゆる恩とは父母等の恩、愛とは妻子等の愛なり。これ恩、これ愛、よく出世の船を覆し、生死の綱を結ぶ。もし迷をして解かざらしめば、三界に溺れて出づる期なく、四生に淪《しず》んで衆苦を受けん。父父母母更に生じさらに死す。河水の相続するがごとし。子々孫々たちまちに顕れ、忽ちに隠れて、空雲の生滅するがごとし。相続し相続して、身を招き身を損す。身を受け身を棄つれども苦身を離れず。苦というは、すなわちこれ生・老・病・死・憂悲・苦悩・愛別・怨憎等の八苦これなり。これこの八苦は、よく人の身心を逼迫し、妙適を受けしめず」

すなわち弘法大師は、人間の四苦八苦が愛欲に起因することを説き、人間には八苦があるために真の喜びである妙適は受けられないと、『理趣経開題』の中で「妙適」の語を真の喜びの意味に用いて居られます。以て、如何に妙適性愛説が珍妙であるかが思われる筈であります。

## 勧請句は菩薩の誓願

余談が長くなりましたが、では何故に、菩薩は他化自在天へ行けるのであるか。それは仏・菩薩とは世間の価値観に捕われず、善悪業報の「世間」を超えた、いわゆる「出世間」的存在だからこそ自由に世間を往来出来るのであります。

では、どうすれば菩薩になれるのでしょうか。或る日突然、人は菩薩になれる訳ではありません。菩薩になるためには先ず、菩薩の誓願を起さなければならないのであり、その為に用意されているのが、『理趣経』冒頭の「勧請句」なのであります。

この句は、最後に「本尊界会増法楽」とか「弘法大師増法楽」、或いは「当所鎮守増威光」などという言葉に続くために、法楽を捧げる本尊を勧請するという意味で「勧請句」と名づけられているようですが、わたしはこれを「菩薩の誓願の句」であると考えています。

「毘盧遮那仏と無染《むぜん》無著《むぢゃく》の真理趣とに帰命し奉る。生々《しょうじょう》に無相教に値遇し、世々《よよ》に持誦して忘念せざらん」という言葉は、決して本尊を勧請するための言葉ではなく、菩薩の誓願を表す言葉に他ならないのであります。

すなわち、「生々に無相教に値遇し、世々に持誦して忘念せざらん」とは、「生まれ変わるたびに無相教――すなわち、理趣経に巡り会い、世々――すなわち、如何なる境遇に生まれあわせようとも、この理趣経を読誦したい」という願いは、取りも直さず、善悪業報世界を超えて常に真実の仏法に巡り会いたいという、菩薩の誓願に他ならないのであります。

そして、親鸞聖人にも「弥陀の誓願不思議にたすけられまいらせて往生をば遂ぐるなりと信じて、念仏まおさんとおもいたつこころの発る時、すなわち摂取不捨の利益にあづけしめたまうなり」(『歎異抄』)というお言葉がありますように、先ず心に誓願を起すことこそが大事なのであります。

然も、この勧請句が『理趣経』の題目よりも前に掲げられているということは、『理趣経』読誦者は、読誦に先立ってこの句を読誦することによって、菩薩となって初めて「大楽金剛不空真実三摩耶経」という経題を読むことが出来るということであります。

では何故に、『理趣経』は菩薩とならなければ読誦してはならないのか。これについては深遠幽玄なる真理が秘められていますが、本題ではないので割愛して、話を修法に戻します。

## 戦勝祈願の矛盾

『歎異抄』を例にとって、「おもいたつこころ」こそが大事であると言いましたが、修法もまた、行じようと思う心が大事であることは言を待たないのですが、修法をしようと思ったから、途端に金剛薩埵になる訳ではありません。

修法をする人がすべて菩薩かと言えば、そうではないのであります。時代劇などによく出てくる大名家のお家騒動などに際して、対立する相手方を呪殺するために護摩修法などを修する場面が出てきますが、人を呪殺するための護摩を修する行者などは、間違っても菩薩とは言えないのであります。

古来、修法を世に誤解せしめてきたのが、このような悪霊に魅入られたような修法であります。勿論、修法には降伏法があります。然しこれは先にも触れましたように、例え仏法に仇なし三宝を破壊する大悪逆人を降伏せしめる修法と雖も、大慈悲心を以て修すべきであり、事成就の暁には息災法を修して相手に慈悲を注がなければならないとされているのですから、厳密に言えば、戦時中によく行われた「敵国降伏」祈願などの修法も邪道であると言わざるを得ないのであります。

余談ですが、まだ剣鬼といわれた頃の宮本武蔵が、洛北一乗寺下り松に於ける吉岡一門との死闘に向かう道すがら、神社の前を通りがかり、思わず戦勝を祈願しようとしたものの、われとわが心に「神仏は尊ぶべきものであって、頼るものではない」と言い聞かせて、そのまま立ち去ったという話が残されていますが、わたしが常々不思議に思うのは、武道やスポーツなどでの戦勝祈願であります。

新聞やテレビなどで、試合を前に神社仏閣に戦勝祈願をする球団やチームの姿を見ることがありますが、もし本当に戦勝祈願の効果があるとするならば、相手チームは神仏を相手に戦ったことになり、フェアであるべきスポーツや武道の試合にとっては言語道断ということになりますが、神仏の方でそのような他愛のないことはされない筈だと思うのですが、如何でしょうか。

## 拝むから仏になる

余談はさておき、では、どうすれば修法者は菩薩となれるのでしょうか。すなわち、普礼《ふらい》によってであります。

ここで、少しばかり小野流に触れますが、小野流の場合、沢方の十八道念誦次第に相当するのは「聖如意輪観自在菩薩念誦次第」ですが、小野流の次第では何故金剛薩埵であるかがよく判るように記されています。例を随心院流にとれば、次第の冒頭に次のように記されています。

「行者道場に入らんと欲《おも》わば、先ず浄衣を着し、手を洗い、口を漱ぎ、塗香を二手に塗り、当に金剛薩埵の威儀に住すべし。心にウン字を観じて薩埵の身と為り、足に蓮華を踏み云々（以下略）」

ウン字とは、金剛薩埵の種字であります。

他流のことなので詳しくは触れませんが、次第を読めば、我が身を金剛薩埵と観想することが「成程」と頷けるように記されているのであります。

ところが西院流ではそれがなく、先ず入堂、そして我が身を金剛薩埵と観想せよとありますが、ここには道場に入る為に行う普礼《ふらい》が省略されているのでありましょう。

普礼は、修法に限らず、常の勤行に際しても僧が先ず行う作法ですが、何気ないこの作法には、実は真《まこと》に深遠幽玄なる真理が秘められているのであります。それは、これなくしては読経も修法もその功徳を半減する程の深い意義なのであります。

普礼は、読経や修法に際して、先ず本尊や曼荼羅の諸尊を普《あまね》く礼拝することであります。ただ、金剛合掌して真言を誦すだけの簡単な作法が如何に大事であるかは、修法に際して壇前普礼・着座普礼等幾たびも行わなければならないことからも頷けます。

金剛合掌は、真言密教に於ける最も一般的な合掌であるところから普通合掌、或いは普通印・普印ともいわれ、金剛界法に於ける基本の合掌ですが、普礼に於ける金剛合掌が象徴しているのは入《にゅう》我《が》我《が》入《にゅう》であります。なお付言しますと、胎蔵法の基本合掌は蓮華合掌であります。

普礼に誦す真言の意味は、「われ一切如来のみ足を礼し奉る」という意味であると言われていますが、普礼とは「普く礼拝する」と言う意味であるとともに、「普きを仏として礼拝する」――すなわち、一切を仏として拝むという意味でもなければならないのであります。

曼荼羅の諸尊を普く礼拝すると言いますが、これは一体何を意味しているのでしょうか。曼荼羅には外金剛部《げこんごうぶ》という部分（世界）があり、そこに描かれているのは、これが果たして仏かと思われるような怪奇な鬼形の者が多くあります。すなわち鬼神であります。

仏教が鬼というときは、「煩悩の鬼」という言葉があるように「煩悩」を意味し、「鬼神」という場合は、大抵成仏していない「霊」を意味するものであります。

では、曼荼羅の諸尊を普く拝むとは、それらの鬼神をも仏として拝むことに他ならないのであり、普礼に秘められている真理とは、仏だから拝むのではなく、拝むから仏になるということであります。

### 同時成仏

普段わたしたちは、仏だから拝むのであると思い込みがちであります。然し、仏だから拝むのであれば、外金剛部の鬼神を拝むことはありません。勿論密教の教義によれば外金剛部の鬼神と雖も、大日如来の等流身《とおるじん》ではあります。

等流身とは教義的には大変難解ではありますが、密教独特の仏身説である自性・受用・変化・等流の四法身の一つで、大日如来の変化身の一つで平等法界より流出するという意味で等流身と名づけられると説かれています。そして、これら外金剛部の鬼神を拝むことの大切さを表しているのが、修法に於ける「神分」であります。

それは兎も角、わたしたち僧が死者を拝むのは、死者が仏だから拝むのではなく、死者が成仏する――すなわち、仏になるために拝むのであり、拝むから仏になるのであります。外金剛部の鬼神もまた同じでありましょう。拝まれることによって仏となるのであります。

そして、一切を仏として拝む時、拝む本人もまた成仏するのであります。その形像・外観の如何にかかわらず、一切を仏として拝める時、自らもまた仏となるのであり、これを「同時成仏」と名づけます。

成仏は、すべて同時成仏でなければならないのであります。拝む側と拝まれる側とが同時に成仏するのであり、どちらか一方だけが成仏するということはないのであり、その同時成仏を象徴しているのが金剛合掌であります。

小野の『如意輪念誦法』ではこのことを、行者が金剛薩埵の威儀に住し、両眼にマタの字を観じたとき、「光明照耀せり。是の浄眼を以て道場の内に諸仏遍満せるを見奉る」と解説しています。

マタとは、右の目に梵字のマ字、左眼にタ字を観じて日月定慧の浄眼とする印明で、遍視・遍観・瞻視《たんし》などと訳され、見仏と除障の二つの働きがあるとされ、この両眼を以て道場内を見渡せば諸魔は悉く消散し、諸尊皆顕現し給うが故に、真言行者たる者入道場に際してはこの観をなして道場内を見渡すべしといわれています。

すなわち、ここでは逆に行者が先ず金剛薩埵となるとき、道場内の魔障は悉く消えてすべては仏となるというのであります。そして、これは単に修法の場合のみに限らず人生すべてに於いて通じる真理でもあります。

わたしたちは自らを苦しめる者、或いは自らの意に添わぬ者に対しては、とかくこれを悪鬼・羅刹すなわち魔性・悪者として見るのでありますが、相手を悪鬼・羅刹・魔性・悪者と見ている限り、確かに相手は悪鬼であり魔性・悪者でありますが、これを仏として拝むとき、今までの悪鬼・羅刹の姿は消えて仏となるのであり、そのとき自らもまた仏となるのでありま す。

## 雪山童子が教えるもの

『大般涅槃経《だいはつねはんぎょう》』に、雪山《せっせん》童子の説話があります。

過去世に於ける釈尊が、雪山童子として山中に修行中、恐るべき形相の羅刹《らせつ》が現れて「諸《しょ》行無常《ぎょうむじょう》、是生滅法《ぜしょうめっぽう》」というこの世の無常を説く偈を誦したのであります。これを聞いた雪山童子は、悟りを説く残りの半偈を羅刹に乞われました。すると羅刹は、童子の身を以て自らの空腹を満たすことを条件に、後半の悟りの句「生滅滅已《しょうめつめっち》、寂滅為楽《じゃくめついらく》」の偈を説き聞かせたのであります。

歓喜した雪山童子は偈文を石に刻んだ後、我が身を羅刹に与えるべく断崖に身を投じたのであります。すると、あの恐ろしい形相の羅刹の姿は一瞬にして美しい帝釈天となって、雪山童子を空中に受け止めたというのであります。

これは一体、何を物語っているのでしょうか。すなわち、仏は決して仏らしい顔つきで現れるのではなく、羅刹のようにわたしたちを苦しめる者や逆境など、最も仏らしからぬ姿でわたしたちの身近にあって、常に救いの法を説いて居られるということなのであります。

そして、そこに気づいて相手の仏性を拝むときに、自らもまた、本来心奥に持つところの仏性が目覚めて仏・菩薩と成るのであります。仏だから拝むのではない。拝むから自他共に仏となる――この真理を教えているのが普礼なのであります。

では、『理趣経』読誦者が、読誦に先立って先ず菩薩の誓願の句である「勧請句」を読誦することによって菩薩となるように、修法に際して大事なことは、道場に入るに際しての普礼の作法でなければならないのであります。

小野の法流では、入道場の作法が詳しく記されていますが、西院流ではそれがありません。

壇前普礼や着座普礼などは修法の次第に記されることが多いのですが、道場に入るための普礼は往々にして省略され、或いは等閑に付されがちですが、入道場に際して普礼をすればこそ、修法者は金剛薩埵となり、歩々の足下に蓮華が開敷するのであります。普礼の作法無くば、金剛薩埵云々の観想は観念の遊戯に過ぎなくなります。

なお、入道場に於ける普礼の合掌は金剛合掌ですが、このときの金剛合掌が象徴しているのは、入我我入の思想であります。すなわち右手は本尊、左手は行者であり、両手の指が交わるのは本尊と行者との身が一体となることを意味しているのですが、入我我入とは同時成仏ということに他ならないのであります。

勿論、修法以前に、四度の伝授に際して、阿闍梨は大日如来の三昧に住し、受者は金剛薩埵と観じて、師資共に三密平等の心地に住し、授受の道場は両部大経の説所、南天の鉄塔と観ずることになっているのですから、その時点で既に行者は金剛薩埵でなければならない筈ではありますが……。

なお、拝むことによって、拝まれる対象も拝む側も仏と成るという、この普礼に於ける同時成仏の理念は、修法の諸作法を通じて底流する根本理念なのであります。

## 蓮華開敷の意味するもの

では、修法者が金剛薩埵となったとき、歩々の足下に蓮華が花開くとは何を意味しているのでしょうか。

勿論、蓮華の花が象徴しているのは菩提心ですから、わたしたちが菩薩となったときには、心内に菩提心の花が開くという意味にも解せられますが、ここでは「歩々の足下」というのが大事であります。

キリストに、「汝等地を指して誓うな。神の足台なればなり」（『マタイ伝福音書』）という言葉がありますが、歩々の足下とは菩薩の足台——すなわち、菩薩の住む国土ということであります。

修法に於ける結界の基本となるのは地結であります。西院流四度次第では十八道には出てきませんが、普通修法には「ラン字観」に続いて「浄地《じょうじ》」という作法があり、ラン字の智火によって諸々の不浄を浄めると共に、この作法で更に自らが生きる拠り所である大地を浄めて修法をします。仏教では、この大地・国土は仏・菩薩の基盤——すなわち、足台として大変尊ばれるのであり、そこに蓮華が花開くというのは、すなわち浄土が現出するということであります。

仏典には、「菩薩の心浄ければその土清し」という言葉があります。そして、修法に於ける地結の観想にも、「地中の所有の諸々の穢悪《えお》のもの、加持力に由るが故に悉く皆清浄なり」とありますが、わたしたちが菩薩になるとき、この土が清浄になるということであります。

蓮華は泥土に根ざし、泥水を吸って美しい花を咲かせるものであります。泥土が無ければ、蓮華は花咲かせることはありません。そのように、煩悩の泥土によってこそ菩提の花は開くのであることを、蓮華は象徴しています。

大地は穢悪なるものですが、それを清めて美しい花を咲かせるものは、人間の心でありま す。「三界は唯心の所現」という言葉もありますが、わたしたち人間が菩薩の心を持ったとき、この大地は仏・菩薩の台座に相応しく清浄土となるのであります。蓮華は仏の台座であります。

今、地球環境の浄化が叫ばれています。温暖化防止や資源節減、環境美化運動などの具体策も勿論、積極的に取り組まなければなりませんが、何よりも大事なことは、現代人の一人ひとりが先ずおのが心を美しくすることでなければなりません。その時、環境はおのずから浄化されてゆくのであり、先ず僧が、そして特に修法を修する真言僧が、このことを痛感しなければならないのであります。

真言宗ではよく、「密厳国土の建設」ということをいいます。大抵の場合、それは外に向かって、或いは他人に向かって言われますが、真言僧自らが先ずおのが心内に密厳国土を建設しなければなりません。「煩悩を捨てよ捨てよと言いながら、後から拾う寺の坊さん」であっては困るのであります。

修法の究極は、修法者（行者）がおのが心を浄めることに尽きるのであります。

## ●登礼盤──菩薩の牀座

### 曼荼羅聖衆の一員となる

修法者は入道場の普礼によって菩薩となり、我が身を金剛薩埵と観想しつつ壇前に到り、柄香炉《えごうろ》を執って壇前普礼（三礼）の後、礼盤《らいはん》に上がり結跏趺坐して、数珠を掌中に収めて普礼をしますが、この三度に亘る普礼で曼荼羅諸尊を礼拝することによって、自らも菩薩となって曼荼羅聖衆の一員──すなわち、仏の世界の一員となります。

では、礼盤は単なる行者の座る場所というような単純なものではなく、菩薩の牀座であり、此処に坐すことは取りも直さず、大曼荼羅壇（大壇）上の一員──すなわち、仏・菩薩の一員になるということに他ならないのであります。

すなわち、拝むことによって、拝まれる対象とともに、拝む自らもまた仏になるという普礼の真理を形に表したものが、登礼盤なのであります。

なお、登礼盤に際しては右の膝より登り、左の膝より降りるを普通としますが、左側に目上の人があるときは左の膝から登り、左右にあるときは両膝同時に登るとされています。

また、このことは前著『密教法具に学ぶ』でも触れていますが、礼盤の四角四面は五輪の阿字地輪を意味して菩提心の大地を象徴し、登礼盤によって行者は本来持つところの無垢の大菩提心に住して、仏の三密と一体となります。また、礼盤の四面には獅子の像が彫刻されていますが、獅子も菩提心を象徴するものであります。

## ●塗香―持戒を象徴するもの

### 香は戒律の清浄を象徴する

次に、登礼盤に先立つ三礼で柄香炉を執るのは、持戒を象徴しているのであります。

これもまた、前著『密教法具に学ぶ』に詳述していますが、登礼盤に続く塗香も含めて、香は密教的には戒律の清浄性を象徴するものと解さなければならないのであります。

塗香には行者用と供物用との二種があり、行者用は仏を礼拝するとき、或いは修法の始めに行者が身（両手）に塗り、供物用は六種供養、或いは五供養の一つとして本尊聖衆に捧げるものであります。

そして、この作法は『密教大辞典』の解説によると、賓客を饗応するに際して、主が先ず自らの身に香を塗り、客にも香を献ずるインド古来の風習に基づくものとされていますが、これは余りにも浅薄なる世俗的解釈であると共に、むしろ逆で、仏教の作法が民間に取り入れられて生活習慣となったのではないかと、わたしは考えているのであります。

何故なら、キリストの聖書にも、娼婦マグダラのマリアがキリストの足に香油を塗り、更に或る女が十字架にかけられる前夜のキリストの首に高価な香油を注ぐ記述がありますが、仏や聖者に香を捧げるのは、洋の東西を問わず宗教的な敬虔さの表現のように思われるからであります。

勿論、『智度論』九十三には、インドは暑いので身の臭気を消すために香を塗り、また仏や僧に香を供養すると説かれていますが、香を単なる身体の臭気を消すためのものと解釈されるならば、行者が自らの身に塗る意味は判りますが、仏・菩薩に捧げる意味が判らなくなります。

客を饗応するインドの風習に従って、悪臭を消すために香を用いるのだというような解釈は、形而下的、世間知的解釈であって、宗教的解釈とは言えないのであります。

仏教が香を用いるのは、もっと形而上的、宗教的意味からであります。すなわち仏教では、香は浄戒（戒律・持戒）を象徴するものであります。

すなわち、香がその馥郁たる香気によって身の臭穢を消すように、身の汚れを消すものは浄戒（持戒）であるところから、香を戒律の象徴として重用するのであります。

### 懺悔は仏への最大の供養

僧の身心を浄め、美しく保つものは戒律であり、同時に周囲の人心をも清めるものですが、その作用を、香の芳ばしい香りが邪気を払って人々の身心を敬虔に、そして爽やかにするのに譬えたのであります。

従って、香が持戒を象徴するものであるならば、戒律は絶えること無く持ち続けなければならないように、僧たるものは香を絶やしてはならないのであり、それを象徴しているのが柄香炉であります。

仏教用品を仏具・法具・僧具に分類するとき、柄香炉は僧が常に携帯すべき僧具に当たります。釈尊は説法に際して常に柄香炉を持たれたと言われていますし、聖徳太子にも柄香炉を持たれたお姿がありますが、それは釈尊や聖徳太子の持戒堅固を象徴しているのであります。

柄香炉を持つことは、取りも直さず僧の持戒を意味しているのであり、従って、持戒の象徴として柄香炉は常に携帯すべきではありますが、そうもゆかず、今は形式的に礼盤の登下時の三礼、或いは表白時など、要所要所で手にとることになっているのであります。

では、柄香炉を持するに当たっては、修法者は自らの持戒のいたらざるを慚愧すべきではないかと痛感させられます。何故なら、このことは後にも触れますが、修法の基盤をなすのは修法者の懺悔心だからであります。

身の臭穢を消すのが香であるように、持戒のいたらなさによる身心の穢れを清めるものは懺悔の心なのであり、そして、このことは塗香に於いても同じであります。

幾ばくかの金銭で購った香を焚いたり、塗布したりしたくらいのことで身心の臭穢（罪過）が清まるわけもなければ、仏が喜ばれる筈もありません。仏が最も喜び給う供物は、行者の懺悔の心なのであります。

なお一言付記しておきますが、香は死者や仏・菩薩等の食物ともされており、人が死んで忌明けまでの四十九日間、香煙を絶やしてはならないといわれるのは、香が中有の身体を養うためであるといわれているからであります。

## 五分法身とは何か

登壇、普礼、焼香に続いて、左の脇机の塗香を取って両手に塗布します。その所作は法流によって多少の相違がありますが、修法に於ける作法は如何なる些細な所作と雖も、深遠幽玄なる真理を象徴しているものですから、疎かには出来ないものであります。

例えば、塗香器の蓋を取って香を摘むという些細な所作にも、深い密教の思想が秘められています。

すなわち、香を取るには西院流では左手（小野や中院では右手）の親指と人差し指と中指の三指で香を摘みますが、普通は大頭二指で摘み、右手の掌中に入れて三度左右にこれを移し替え、両掌や腕に塗るのですが、香を摘むとき親指（大指）と人差し指（頭指）の先端でこれを摘むのは、宝珠の印を象《かたど》り、他の三指を伸ばすのは光明を表していますが、これは塗香菩薩の三昧耶形であると言われています。

なお、一言付記すれば、西院流が左手で塗香を取るのは、時の仁和寺門跡性信親王が肥満のために便宜上、左手を以て香を摘んだのに由来すると伝えられています。

それは兎も角、両掌に香を塗るのは、五指はすなわち五体を意味し、塗香は五体を清めることに他ならないのであり、「五分法身を磨瑩す」と観想するのであります。

では、五分法身とは何でしょうか。すなわち、戒・定・慧・解脱・解脱知見ですが、この解釈には顕密の別があり、更に顕教に大小乗の別があります。顕教の義はさておき、密教の解釈についてのみ触れますと、これにもまた浅略と深秘の両義があり、浅略の義によりますと、五分の五とは戒・定・慧・解脱・解脱知見を指し、分とは分かれる――すなわち差別の意味であります。

そして、戒とは五戒・十善戒等を意味し、定とは戒を守ることによって定心に住することを意味し、慧とは定によって得られる智慧を意味し、解脱とは智慧による煩悩解脱を意味し、解脱知見とは智慧を得ることによって生ずる大悲の方便智を指しています。

次に法身の法とは、徳を持つことを意味し、五法がそれぞれの徳相を持つこと。身とは聚集――すなわち、五法がそれぞれ類を以て集まるという意味であります。

そして次に、深秘について説きますと、これにもまた本有《ほんぬ》と修生《しゅしょう》の両義があります。今、難解な教義を省略して端的に言えば、持戒によって三業の垢穢《くえ》を除き、戒を護持する功徳によって阿字本不生の三昧に住して心乱れず、この三昧に住するが故に人法不二・理智一体の智慧を体得し、この智慧を体得するが故に三業所犯の業煩悩（迷い）を解脱し、この解脱によって真の仏智を体得することを意味しています。

では、五分法身を磨瑩すとは、端的に言えば、身に香を塗ることによって、我が身を仏身として磨き輝かすということに他ならないのであります。

そして、先にも述べましたように、香は戒を象徴するものですから、すべては戒を守ることに始まるのであって、わたしたちが容易に仏智を得ることが出来ないのは、結局は仏智を得る基礎たる戒律を持たないからであることを、この塗香の作法が教えているのであります。

では、修法者はここでもまた、修法に際しては先ず、自らの持戒の至らざるを慚愧せざるを得ないのであります。そして、このことは焼香に於いても同じことですが、修法とは先ず懺悔に始まるのであり、懺悔こそが仏への最高の供養なのであります。

そして、ここで特に留意して頂きたいことは、塗香の摘み方や塗布の作法は祈りの行儀作法であり、香が持戒や浄戒を意味するというのは教義・教学であります。従って、行儀と教義を知ったからといっても、それでは宗教と言えないということです。

作法を知り、その作法が象徴する教義を知ることによって、自らの持戒の至らざるを心の底から懺悔するとき、初めて宗教と言えるのであります。

## ●三密観――三業の罪障を除く

### 蓮華は凡聖不二を表す

西院流では、三密観は金剛界になって初めて出てくるのですが、小野流では塗香に次いで三密観を行いますので、簡単に触れておきたいと思います。

三密観は三金剛観《さんこんごうかん》・三金観《さんこんがん》・三吽観《さんうんがん》とも称され、この身に金剛の種字である吽字を観じることによって、本来具有するところの身・口・意の三密を顕して仏と一体となる作法であります。

すなわち蓮華合掌して、その掌中及び口中（舌上）・心の上に吽字を観じ、更に吽字変じて五鈷金剛杵となり、身・口・意の三業の煩悩不浄を断除して、速疾に仏蓮金《ぶつれんこん》三部の諸尊の功徳を顕すのであります。

蓮華合掌に象徴されているのは、煩悩即菩提・凡聖不二の真理であり、この作法によってこの身を通して仏となります。吽字は金剛界の種字であると同時に、金剛薩埵の種字でもあり、五鈷金剛杵は金剛薩埵の象徴でもあります。

なお、ここで即身成仏について一言付記しますと、普通には「この身このまま仏となる」と解釈されていますが、「即身」とは「身に即す」すなわち、この身を通すということであり、決してこの身このままという意味ではありません。

すなわち、この身を通して修法をすることによって仏となるのであり、この身を通さなければ仏にはなれないのであります。死後に極楽往生を説く浄土教に於いても、生前にこの身を通して念仏すればこそ、死後成仏するのであって、死にさえすれば仏になる訳ではないのであります。

## ●結跏趺坐──魔障を防ぐ坐法

### 最高坐法の吉祥座

ここで、修法の基本坐法ともいうべき結跏趺坐《けっかふざ》について、少しばかり触れておきたいと思います。

結跏趺坐は略して跏趺坐《かふざ》ともいい、また半跏趺坐に対して全跏趺坐ともいい、更に如来座・蓮華座の異称もあります。

今この作法についての詳細は略しますが、この坐法に二種類があり、簡単に言えば、左足を上にするのが顕教一般の坐法で、これを降魔座と名づけ、密教では反対に右足を上にして組むのであり、これを吉祥座と名づけ、持明蔵瑜伽法門《じみょうぞうゆがほうもん》にはこの坐法を以て、一切坐法中の最上としています。真言宗では礼盤には右足から登り、左足から下りることになっていますから、おのずからこの坐法となります。

### 魔軍を怖れしむる坐法

『大毘婆沙論』には、結跏趺坐の功徳が次のように説かれています。

「問、諸威儀の中、皆善を修するを得べし。何故ぞ但結跏趺坐を説くや。答、此は是れ賢聖の常の威儀なるが故に、謂く過去・未来の恒河沙の数量に過ぐる諸仏及び仏弟子皆此の威儀に住して定に入るが故に、復次に是の如きの威儀は善品に順ずるが故に、謂く、若し行住せば身速やかに疲労す、若し椅臥する時は便ち昏睡を増す、唯結跏趺坐せば斯過失なきが故に能く殊勝の善品を修習す。復次に是の如きの威儀は悪法に違するが故に、謂く、余の威儀は淫欲等の諸々の不善法に順ず、唯結跏坐は能く彼に違するが故に（中略）。復次に此の威儀に住すれば魔軍を怖れしむるが故に、謂く、仏昔菩提樹下に於いて結跏趺坐してこの魔軍を破す、謂く、自在天と及び諸々の煩悩となり。故に今魔衆は此の威儀を見て即ち驚恐して多分退散す（中略）。声論者の曰く、両足の趺を以て跏して両膝に致す、龍の盤結するが如くに端座思惟す、是の故に名づけて結跏趺坐となす」

ここには、何故に結跏趺坐をするのかという理由や功徳が説かれています。

例えば、結跏趺坐は賢聖の普段の坐法であり、また過去と未来に於ける数え切れない程の諸仏や仏弟子たちがこの坐法で禅定に入るからであるからとか、或いは結跏趺坐以外の坐り方では直ぐに疲労したり、睡魔に襲われたり、或いは淫欲等の悪想念が生じたりするからであるということが列記されています。然しここで特に留意すべきは、昔、釈尊が菩提樹下においてこの坐法で降魔成道されたので、天魔をはじめとする魔衆はこの坐法を見ると驚き恐れて退散するという説であります。

## 悪魔とは悪想念の集積

二千有余年も昔に釈尊がこの坐り方で魔軍を降伏させられたから、今もなお魔衆はこの坐り方を見ると恐れをなして退散するという説は、如何にも幼稚で、荒唐無稽のように思われますが、実はここには大変深い真理が秘められているのであります。

では、その真理とは何か。すなわち、人間の意識・想念は時空を超えて永遠であるということであります。

わたしは、自在天とか天魔とか、或いは悪魔・魔性というのは、無始以来の人間の煩悩による悪想念の集積であると考えています。時空を超える悪想念の集積だからこそ、顕在意識の悪想念に呼応するのであります。

わたしたちは、自らの意識・想念は泡沫のように須臾にして消え去るもののように思いがちですが、そうではなくして、わたしたちの意識・想念は深層意識として集積してゆくのではないかと思うのであります。

『観音経』に、「金・銀・瑠璃（中略）等の宝を求めんがために大海に入らんに、仮使《たと》い黒風其の船舫《せんぼう》を吹きて羅刹鬼国に飄堕《ひょうだ》せんに、其の中に若し乃至一人有りて観世音菩薩の名《みな》を称えなば、是の諸人等皆羅刹の難を解脱することを得ん」という言葉があります。

趣意は、人は金銀等の財宝を目の前にしたとき、他人よりもこれを多く得ようとし、或いは例え他人を殺害してでも一人占めにしようという欲望の悪想念――すなわち、黒風が心中に吹き荒れ、その為に羅刹鬼国が現出するというのであります。

すなわち、この現実の世相を作り出すのは、わたしたちの意識・想念に他ならないことが教えられているのであります。然し同時に、其処に一人でも仏心を起こす人があれば、多くの人々が羅刹の鬼難を解脱することが出来るというのであります。

では何故に、一人の仏心が多くの人の心を救うことが出来るのか。すなわち、深層意識に於いて万人の心が繋がっているからであります。

わたしたちの意識や想念は、泡沫のように浮かんでは儚く消え去るものではなく、集積して深層意識となり、同時に類は類を以て集まると言われるように、万人の悪想念が集まって天魔・悪魔と称される強力な存在となって、この現世の凶悪世相を作りだしているのであります。

そして、この深層意識の層は時空を超えて存在するものであることを、結跏趺坐の姿を見て魔衆が退散するという『大毘婆沙論』の説は教えています。では、仏教には時効という思想はないのであり、時が経ったから罪が消えるということはないのであります。罪を消し得るのはただ懺悔のみであり、そしてそこにこそ、わたしたちが常に自らの意識・想念を浄めなければならない理由があるのであります。

## ●護身法──浄三業こそ真の護身

### 自心を浄めることが先決

塗香に続いて護身法を結誦します。護身法とは浄三業及び三部被甲護身であり、真言行者が読経や修法に際して先ず三業を浄めて、身心を守護する作法であります。そして、その護身法が先ず浄三業に始まるところに留意しなければなりません。

浄三業とは読んで字の如く「三業を浄める」ということですが、これには二種の意味があり、一つには自他の三業はそのまま、法身の三密にして自性清浄なりとする意味で、従ってこの場合には「浄き三業」と読みます。

二つには、仏の三密の加持によって自他の三業を浄める故に、「三業を浄める」と読みます。すなわち、自己の三業の本質は清浄と知ることが大事であります。本質が清浄だからこそ三密加持によって浄められるのであって、本質的に汚いものは浄めようがありません。

すなわち、一切法は蓮華が泥水に染まないように本性清浄であると観じて、行者の三業を清浄ならしめます。そして、行者の三業が清浄になれば、自他の六大相応渉入して他の衆生の三業も同時に清浄となります。それは、先の『観音経』に於ける「もし一人が観世音菩薩の名を称えなば、諸人皆羅刹鬼の難を解脱することを得ん」という真理と同じです。

この浄三業の作法に秘められた真理とは、自らの身・口・意の三業を浄めることこそが護身の基本であるということであり、同時に、世界を浄めるためには先ず自らを浄めることこそが大事であるということであります。

先にも言いましたが、「煩悩を捨てよ捨てよと言いながら、後から拾う寺の坊さん」という、真に怪しからん、けれども何となく真実でもあるような戯れ歌がありますが、これは他人に向かっては立派なことを説教しながら、自らはいい加減な生き方をしている僧侶に対する痛烈な皮肉であります。わたしたち僧は兎角、他人に向かっては立派なことを言いがちでありますが、では自分はどうかということになりますと、些か自信がないのであります。

然し、本当は他人に向かって「綺麗な心を持ちなさい」などと説教する前に、先ず自らが綺麗な心を持たなければならないのであります。他人を美しくする前に自らが美しくなれ、そうすると皆が美しくなるのであると、浄三業は教えているのであります。

これは後に、結界に於いても触れることになりますが、「類は友を呼ぶ」と言われるように、わが心が浄ければ崇高なる神仏や心清らかなる人々が集まり、わが心が汚れていれば低級なる悪霊や魔性・餓鬼、そして心卑しき人たちが集まってきます。

古い諺ですが、「他人のふり見て我がふり直せ」というのがありますが、他人の至らなさを責める前に、自らの至らなさをこそ反省すべきであります。他人の至らなさは、自らの至らなさを悟らしめるための菩薩の働きとして受け取るべきなのであります。

他人を変え、社会を変革しようとするのは革命であり、それは社会改革者たちの道でありまます。宗教の究極は偏えに自らをこそ変革するものであり、これを回向といいます。

印相《いんぞう》については詳述出来ませんが、蓮華合掌で、小野流では二中指間を少し開き（安流は開かず）、広沢流では開かないといわれていますが、必ずしもそうとばかりはいえないようで、広沢でも開くような伝授を受けたことがあります。

二中指間を少し開くのは、浄三業によって菩提心の蓮華が開き始めることを象徴しています。

また、この印は本浄の菩提心印といわれ、この印を以て加持すれば本有《ほんぬ》の浄菩提心を荘厳するといわれ、更にこの印は宝珠の印ともいわれます。その理由は、浄菩提心はすなわち如意宝珠を意味し、一座行法の諸印明は悉くこの宝珠の印明から出生するからであります。

更にまた、この印は単に三部の中の蓮華部ではなくして、第九識無垢清浄の本覚本心の妙法蓮華であるため、如法華印と名づけ、これが最極の秘印であり、この印明に即身成仏の奥旨があるとして、即身成仏の密印とも名づけられています。

言葉を変えると、これは即身成仏とはまさしく自らの三業を浄めること――すなわち、浄三業に極まるということでありましょう。そして、この浄三業を身・口・意に分けて加持するのが、次の仏・蓮・金の三部であります。

なお、第九識の識とは心識を意味しますが、この心識思想は大変難解であり、簡単に解説することは困難ですが、真言宗ではこの第九識は法界体性智に当たると説いています。

## 三部とは何か

浄三業の印明に続いて結誦するのが、仏・蓮・金の三部の印明であります。三部とは、仏部（如来部）・蓮華部・金剛部であります。

『密教大辞典』には『秘蔵記』に依るとして、「衆生本有の浄菩提心清浄の理体を蓮華部とし、理の処に存する智徳を金剛部とし、理智の二徳を具足して覚道円満するを仏部とせり。これ自性清浄の理徳を清浄不染の蓮華に譬えて蓮華部と名づけ、智慧は自体堅固にして能く煩悩を破るが故に堅固・摧破の二徳を有する金剛に譬えて金剛部と名づくるなり」と解説しています。

大変難解な解説ですが、判り易くいえば、衆生が本来持っているところの浄菩提心――すなわち、これは仏性ともいうべきものですが、肉体によって生ずる煩悩欲想の汚泥《おでい》に汚されることがないのを、泥土に根ざして然も泥土に汚されることのない蓮華に譬えて蓮華部と称し、浄菩提心――すなわち仏性に備わる智慧が、それじたい堅固にしてよく煩悩を摧破するのを金剛石に譬えて金剛部と称し、本性の浄菩提心と智慧の二徳を備えて二利円満するのを仏部と名づけるというのであります。

そしてまた、この仏・蓮・金の三部は、大定・悲・智の三徳をも表し、更にまた身・口・意の三密をも表すといわれています。

護身法に於いては、浄三業が総じて行者の三業を浄めるのに対して、次の三部三摩耶は身・口・意の三業の一つ一つを、それぞれの仏・菩薩の誓願との加持によって浄めるものであります。

すなわち、先ず仏部三摩耶は行者自らが仏部の諸尊を開顕して身業を清浄ならしめ、罪障を消滅して福慧を増長せしめ、次に観自在菩薩を始めとする蓮華部の諸尊との加持によって口(語)業を清浄にして弁舌爽やか、説法自在となり、次に金剛蔵菩薩を始めとする金剛部の諸尊との加持によって意業を清浄にし、如来の徳を体得して煩悩苦を解脱することを得るのであります。

因みに、仏部の諸尊とは、五智のうちの根本智ともいうべき法界体性智《ほうかいたいしょうち》を司る諸尊を指し、金剛仏頂（または大日如来）を部主とし、仏眼を部母《ぶも》とします。五部門の時は、大日如来を部主とします。

次に、蓮華部の諸尊とは、如来の大悲三昧に住して説法し、衆生の疑惑を断じて清浄の本有菩提心を開顕する徳を有する諸尊で、観自在菩薩を部主とし、白衣観音を部母としますが、その為に観音部とも名づけられています。

また、金剛界五部（仏蓮金の三部に宝部・羯磨部を加えて五部とする）のときは、蓮華部は西方無量寿如来の妙観察智《みょうかんざっち》を司る諸尊となるのですが、これは説法の徳でもあるところから法部とも称されます。そして、五部の場合は無量寿如来を部主とし、法波羅蜜菩薩を部母とします。

そして次に、金剛部の諸尊とは、五仏・五智の中の東方阿閦如来の大圓鏡智《だいえんきょうち》の徳を司る金剛蔵菩薩を始めとする諸尊であり、これらの諸尊との加持によって、身・口・意の三業を清浄ならしめるのであります。

大悲の甲冑を着る

以上、四種の印明《いんみょう》によって行者の身心を浄めた後、最後に結誦するのが被甲護身の印明であります。

被甲護身は護身三摩耶ともいい、金剛甲冑の印（内三鈷印）を結び、護身真言を誦じながら身の五処を加持し、大慈悲心を起こして自他共に大慈悲の甲冑を着て、速やかに一切の障難を離れて無上菩提を得せしむと観想するのであります。すなわち、大慈悲心に勝る護身法はないということであります。

また、大悲には精進の義もあるところから、この甲冑を精進の甲冑とも称します。

護身法のうち、浄三業及び三部三摩耶は、行者自身の身・口・意の三業を浄めるのが目的であるところから大智自証門の三昧といわれていますが、被甲護身の印明は大悲化他の三昧といわれ、大慈悲心を以て余すところなく有情を利益するのが目的であり、この大慈悲によって怨敵・魔界と雖も悉くが恩恵を受ける為に、かえって仇なす事が出来ないと説かれています。

では、浄三業に始まり被甲護身に極まる護身法が教えている真理は、真の護身とは自らの身・口・意の三業を浄めると同時に、例え相手が如何なる怨敵・魔性であろうとも、大慈悲心を以て接すること以外にはないということであります。

兎も角、護身といえば、仇なす者を打ち倒すことのように誤解しがちですが、そうではなくして、慈悲の心に勝る護身法はないことを仏教者として改めて肝に銘じたいものであります。

また、大悲には精進の義もあるといいましたが、ここにも大変深い真理が秘められているのであります。

ここで想起されますのが、菩薩の四弘誓願《しぐせいがん》であります。すなわち、四弘誓願は「衆生無辺誓願度」に始まり、「煩悩無尽誓願断」「法門無量誓願学」「仏道無上誓願成」と続くのですが、これは何を物語っているのでしょうか。すなわち、衆生を救いたいという大慈悲心が自らの煩悩を断ち、仏道を求める精進へと繋がることを教えているのであります。

判り易くいえば、慈悲心のない者には精進すなわち修行もなく、精進のないところには慈悲の心もないということに他ならないのであります。日々怠惰に明け暮れるわが日常を顧みて、慚愧せざるを得ないのであります。

## ●洒水―煩悩を生かす知恵

### 何故、甘露軍荼利であるのか

護身法に続いて行われる作法が洒水《しゃすい》であります。洒水は香水《こうずい》を注いで垢穢《くえ》を浄める作法であり、加持香水または洒浄ともいわれますが、特に胎蔵法や護摩の場合はこの名称が用いられます。

その所作は法流によって多少の相違はありますが、先ず右手に小三鈷の印を結び、洒水器の水に向かって甘露軍荼利《かんろぐんだり》（又は金剛軍荼利）の呪（真言）を以て二十一遍加持し、次に散杖を以て水中を二十一遍ずつラン・バン加持して、これを行者自身及び壇上・供物等に注ぎます。

では、この洒水には如何なる真理が秘められているのでしょうか。すなわち、ここに秘められているのは、煩悩を統御し清浄ならしめて、これを衆生救済の働きと化す智慧の作用に他ならないのであります。

先ず、何故に甘露軍荼利（又は金剛軍荼利）の呪を以て加持するのであるか。

軍荼利明王は五大明王の一人で、南方宝生如来の教令輪身《きょうりょうりんじん》（忿怒形）であります。この軍荼利明王を仏・蓮・金の三部に分けて、仏部は甘露軍荼利、蓮華部は蓮華軍荼利、金剛部は金剛軍荼利とする説もありますが、本来軍荼利は瓶を持つという意味であり、その瓶には甘露を入れるものですから、甘露の語は三部の軍荼利に通じて用いられます。

南方は仏教では繁茂を象徴する方角ですが、万物が繁茂するためには水が必要であり、水瓶を持つ軍荼利明王が南方宝生如来の教令輪身とされるのも納得がゆくのであります。『慈氏記』（下）には「甘露瓶菩薩」と名づけられており、密号を「甘露金剛」と名づけます。

## 煩悩を統御する智慧

では、軍荼利明王が持つ水瓶に入っているという甘露とは何か。

すなわち、梵語アミリタの訳で、不死の霊薬として古代インドで尊重された飲料のことでありますが。中国の道教では天酒と称して、神仙が天上界より降らせる不老不死の霊薬とか、或いは天子が仁政を敷いた治世に天が降らせる甘い露とかという伝説もあります。仏教では、仏智や如来の教法に譬えられ、『大日経疏』十二には「甘露は智々の別名、能く身心の熱悩を除く、これを服せば不老不死を得、以て如来の智に譬うべきなり」という意味のことが説かれているのであります。

仏の智慧や教法が生死を解脱せしめることを不老不死の甘露に譬えたのでありますが、甘露とは不純物に汚されない純粋に清らかな水と考えたらいいのではないかと思うのであり、そうしますと、洒水の意義がよく理解出来るのであります。

すなわち、甘露軍荼利の呪を以て香水《こうずい》を加持する所以は、水中の汚れを浄めて清浄水に変えるように、仏智によって煩悩の汚れを浄除することを意味しています。

水は生命の基であり、生命が生きるためには不可欠のものであるとともに、本来清浄なものであるにも拘わらず、とかく水中には汚穢が生じるものであります。この汚穢が生命を損なう場合もありますが、甘露軍荼利の呪――すなわち、仏智を以てこの汚穢を浄除するのであります。

すなわち、散杖を以て二十一遍ずつ香水をラン・バン加持する時、ラン字は智火を表し、バン字は悲水を意味するのですが、この加持によって水中にラン字の智火が生じて水中の垢穢を焼尽すると、バン字の悲水が流出すると観想します。ラン字のときには水中に縦に赤色を、バン字の時には水底に横に白色を観想し、更にこの加持された香水（これを乳水と称するのですが）を、自身及び壇上・供物等に注ぐときに、「香水変じて乳水となる。水は本性清浄にして諸法もまた本性清浄なり」と観想しますが、これは一体如何なる真理を表しているのでしょうか。

端的にいってそれは、煩悩即菩提という言葉がありますが、煩悩は智慧によって浄め、本来の衆生救済の働きたらしめよということに他ならないのであります。

このことは、大自然の営みに譬えるとよく判ります。例えば、水は煩悩に譬えることが出来ます。水は低きに流れ、低きに溜まる性質を持っていますが、その為に高い処は水分が失われて乾燥し、草木を枯死させます。

そして一方、低きに集まった水は腐敗して黴菌を生じさせ、これもまた生命を死滅させせます。

　乾燥しきって死滅寸前の草木を蘇生させるためには水が必要であります。インド洋には満々たる水がありますが、海水を草木に注ぐことは出来ません。ではどうすれば、この海水を真水として草木に注ぎ、生命を蘇らせることが出来るのか。

　すなわち、強烈な南国の太陽が海面をその熱で炙り続ける以外にはないのであります。海水は太陽の熱に炙り続けられることによって蒸発し、水蒸気となって天に昇り、黒雲となり、やがて雨となって降り注ぎ、生命を潤し蘇生させます。

　そして、この海水に譬えられるのが人間の煩悩であります。海という文字は「人の母なる水」と造られているように、海は産みであり生命を生み出すものであり、煩悩もまた生命を生み出すものであります。

　愛欲煩悩が生命を生み出すように、煩悩は生命の本能であり、生きるためにはなくてはならないものではありますが、三毒煩悩といわれますように、煩悩の赴くままに生きるときは、他を殺傷しつつ遂には自らをも滅ぼすのが煩悩の定めなのであります。

　生存に不可欠のものではありますが、これに惑溺すれば身を滅ぼすのが煩悩であり、これを母性に譬えるとよく判るのであります。

## 母性を生かす父性

母性は水であります。そして父性は火（日）でなければならないのであります。水は火によって生かされるものであります。

生命が育つためには水が不可欠であるように、母性が必要であります。然しその母性の愛情は、往々にしてわが子一人にのみ注がれがちなものであります。丁度、水が低きに流れる性質のために高所が水を失って乾燥するように、わが子可愛さの故に他人の子どもに対しては冷淡になることが多いのであり、そのような母の煩悩を象徴しているのが、人間の子どもを攫ってきてはわが子に食べさせていた鬼子母神の前身であります。

然も、一カ所に溜まった水が腐敗し、或いは黴菌が生じて水中の生命を殺してしまうように、わが子のみを溺愛する母のエゴは、わが子をも究極に於いては殺してしまうことになります。

では、このような母の煩悩は如何にすれば真の愛情として生かすことが出来るのか。それは、太陽の熱が加えられることによって海水が上昇して、真水の雨となって降り注ぐように、智慧によって煩悩を制御し、生命を育てる本能に普遍性を持たせなければならないのであります。すなわち他人《ひと》の子もまた、わが子と同じように愛情を注がなければならないのであります。

そして、生命を育てる母の働きに、わが子、他人《ひと》の子を問わぬ普遍性を持たせるものは父の智慧であり、理念でなければならないのであります。

『旧約聖書』に、「太初《はじめ》に言葉ありき。言葉は神と倶にあり、言葉は神なりき」という言葉があります。神が、水は一つ処に集まり乾いた土が現れよと言われたら海と大陸とが出来た、と『旧約』はこの世の創世を語っていますが、言葉とは精神の表現であり、この世は神の精神（理念）の表現として創造され、現出されているというのであります。

そして、それを修法に於いて表しているのが道場観であります。道場観は後に詳しく触れますが、本尊をわが心内に安置すべく、心内に道場を建立する作法ですが、それは先ず本尊の種字を観想することから始まります。すなわち、本尊の言葉から本尊の道場が造られるのであります。

それは兎も角、大陽の熱（火）によって水の本質が生かされて、この現象世界が造られているように、人間世界を美しくするものは、先ず父の精神（智慧・理念）でなければならないのであります。そういう意味でわたしは、現代世相の乱れや凶悪化の根本原因は、男性の知性の乏しさと精神的次元の低さにあると考えているのであります。

軍荼利明王は真っ赤な目をして蛇を身の装飾とするとありますが、真っ赤な目は水を動かす火（智慧）を象徴し、蛇を身の飾りとするのは、蛇は水（煩悩）の象徴であり、煩悩を自在に統御してその徳性を発揮せしめることを意味しています。

従って、軍荼利の呪を以て二十一遍洒水の水を加持する間、行者は洒水の水を見つめ続けなければなりませんが、それは取りも直さず、灼熱の太陽が海面を照らし続け、そして軍荼利明王の真っ赤な智慧の眼が煩悩の水を見据えることを表すものでありますから、行者自身が軍荼利の三昧に住することを意味しています。

香水加持《こうずいかじ》を終えたら、散杖《さんじょう》を以て浄水（乳水）を自身及び壇上・供物等に注ぎますが、その作法は法流によって多少の差違はあるものの、散杖を以て洒水器の縁を三度叩いて、横に順逆三度、縦に上下三度注ぎます。散杖を以て洒水器の縁を三度叩くのは、三毒煩悩を断除する意味であり、横に注ぐのは十方界、縦に注ぐのは三世または三界に注ぐことを意味するといわれています。すなわち、ささやかな作法を通して、時空を超えて大宇宙の真理を体現するのであります。

## ●加持供物—清浄の妙供たらしめる

### 汚穢の供物には餓鬼が集まる

続いて加持供物《かじくもつ》を行います。供物の汚れを浄めて清浄の妙供たらしめ、夜叉や羅刹、毘那《びな》耶伽《やか》等が盗み食いし、或いは供物に触れてこれを汚染することを防ぐ作法であります。

夜叉は薬叉・薬乞叉などと書かれ、能瞰鬼《のうたんき》・傷者・捷疾鬼などと訳され、『慧苑音義』（下）には、祀られている供物などを求めて現れるので「祠祭鬼」ともいうと説かれています。普通には毘沙門天の眷属として知られ、仏法に帰依して衆生の煩悩の垢障《くしょう》を除く仏徳を表すものとされています。

羅刹は詳しくは羅刹婆といい、障碍・破壊をなす悪鬼とされていますが、面白いことに、羅刹には三種類があって、一つは夜叉と同じような鬼神、二つには神々に対して無信仰なる敵、三つには夜間に墓地などを彷徨うて死屍を起たせたり、或いは人間を捉えて喰らう悪鬼というのであります。

また、羅刹女というのもあり、美女の姿をして人を騙して喰うのであります。『慧琳音義』には、「羅刹婆は悪鬼神なり、よく美妙の容儀を変じて人を惑わす。偽りてこれを喰う」とあります。

次に、毘那耶伽は障碍や困難という意味ですが、その性質から常随魔と訳されています。『玄応音義』には、象頭人身の障碍神とあり、その眷属中には、行者の身中に入って澡浴・念誦・臥眠や塗香花燈を供養する時などに、その心を惑わすといわれています。

古来、「穢い仏壇には餓鬼仏が寄ってくる」などといわれ、仏壇や墓地などで放置され、腐敗して悪臭を放つ供物は餓鬼が好んで食するといわれていますが、夜叉・羅刹・毘那耶伽等は、次元の低い霊とでもいうべき存在であり、清浄なる供物には寄ってこれないといわれ、その為に供物を加持して清浄の妙供とするのであります。

## 順逆は除魔と結界を表す

奉仕者・僕使となって事務を弁ずる明王を弁事明王といいます。これは小野方では着座と同時に、六器等を揃える「弁供《べんぐ》」という作法をする時に、この弁事明王の威儀に住するのであります。

『大日経疏』(五)には、不動明王について「如来僮僕給使と為って諸務を執る」とあります。また『大疏演奥鈔《だいそえんおうしょう》』には両部及び三部の弁事明王を分けて、胎蔵は不動明王、金剛界は降三世明王、仏部は不動、蓮華部は馬頭、金剛部は軍荼利とされていますが、『高雄口《く》訣《けつ》』には不動・馬頭・軍荼利・降三世・無能勝を仏・蓮・金・宝・羯磨の五部の弁事明王としていますが、これらそれぞれの弁事明王の印明を以て供物を加持するのであります。

その作法は多種でありますが、『蘇悉地《そしつじ》供養法』、その他の儀軌に説かれていますように、多くは小三鈷の印に金剛軍荼利の小呪を結誦して行います。

また、加持は順逆加持して行うのですが、『高雄口訣』や『金剛界沙汰』その他によれば、先ず逆に加持するのは魔性等を除くためであり、次に順に加持するのは悉地成就のために結界することを意味しています。小三鈷印は羯磨であって事業の成就を意味すると共に、三鈷は三部でもあることから、三部の諸尊を供養することを意味しています。

また、小五鈷の印を用いるのは、五智の法水を注いで供物を甘露とすることを意味し、印を結ぶ五指は五智を表すといわれています。

以上のことから想われるのは、加持供物にとって最も大事なことは、加持する行者自身の心が先ず清浄でなければ、如何に形式のみ型通りに作法をしてみても、供物は清浄にはならないということであります。そしてこのことは、修法の他の作法に於いても同じことであり、行者が肝に銘じておかなければならないことであります。

以上、普礼から加持供物まではすべての修法に於ける前段階の作法であり、修法を行うための準備ともいうべきものであり、行者の身心と修法壇上を先ず清浄ならしめる作法であります。

なお、西院流の十八道にはありませんが、小野の如意輪法では、この加持供物に次いでラン字観があります。

このラン字観は行者の身と、行者が拠り所とするこの土をラン字の智火で浄める作法で、金剛合掌または火輪印を結んで行者の頂上と心中及び壇中・地下等にラン字あり、変じて火焔となると観じて迷執の塵垢を焼尽し、諸法の本性清浄を観想するのであります。

## ●表白―本尊讃歎と所願の表現

### 表白は帰依の表現である

修法の開白に際して、本尊に修法の趣旨を申し述べることを表白《ひょうびゃく》といいます。

表白は、『国語辞典』には「言葉・文書にして申すこと」とありますが、『密教大辞典』には「表は内心を表示する義、白は所願を啓白する義なり」とあり、従って啓白とも、また唱導とも称します。

また、表は下より上に向かって言うという意味であり、白は告白の意味であるともいわれています。

表白文は修法の種類や祈願の性質などによって様々ですが、普通には先ず本尊に対する帰依を表明して本尊の徳を讃歎した後、行者内心の所求や修法の趣旨などを表明するものであります。

本来は修法開白時にのみ行うもので、修法導師自らが表白する場合と、別に表白壇を設けて表白師が表白する場合とがあります。

普通は、修法の次第に記されている表白文や、或いは表白文例などを読むことが多いのですが、本尊の徳を讃えて行者の帰依の心を表明するものですから、本当は自分の偽らざる心情を吐露すべきものでありましょうし、ここでも最も大切なことは、仮にも本尊に所信を表明するのですから、本尊に対してまことの帰依の情を捧げることであります。心にもないことを表白してわが心を偽り、本尊を偽ってはならないのであり、他の諸作法にも増して、この表白は修法の中でも大事な作法であるといえます。

## ●神分―神々の守護を請う

『秘鍵』後記の真偽を問う

表白に引き続き神分《じんぶん》を読誦します。『般若心経』等を読誦して神々の守護を請うのであります。

神分の「神」とは、曼荼羅の外金剛部《げこんごうぶ》及び日本古来の神々等の諸天神祇を意味し、これを権実二類《ごんじつにるい》といいます。神分の「分」とは、法施を神々に分かち与えることを意味しています。

ここで想起されますのが、弘法大師の『般若心経秘鍵』講読の由来であります。

普通、この『秘鍵』は弘法大師が嵯峨天皇に講読されたものと解釈されていますが、例え形はそうであっても、その本質は大覚寺の本尊五大明王を本地とする五社明神に対して説かれたものであると、わたしは確信しています。その理由は、『秘鍵』後記冒頭にある「時に弘仁九年春天下大疫す」の一語に秘められているのであります。

この後記は、真言宗内には後世の偽作との説が根強いのですが、その理由の一つは、弘仁九年の春、全国的に疫病が大流行した歴史的事実がないということでありますが、「天下大疫」を「全国的な疫病の大流行」と解釈する方が間違いであります。この場合の「天下」とは、京の都に他ならないのであります。

偽作とする理由の二つ目は、常識的には荒唐無稽とも想われるような霊験が記されているからでありましょう。そして、これが偽作説の最大の理由ではないかと思われます。何故なら、文献を信を表白した信仰書としてではなく、唯物史観的にしか解釈出来ない信仰なき者には、『秘鍵』講読の霊験・奇瑞の類などは信じ難いからであります。

そして更には、『秘鍵』本文の文章に比べるとき、後記の文章が稚拙だという説がありますが、この説の首唱者には文章の良し悪しが判らないのではないかと想われるのであります。わたしはむしろ、短い文章のなかに多くの真理を鏤めている後記の方が、本文以上に名文であると理解しているのであります。

勿論、本文も名文ではあります。然し、本文の方は些か煌《きら》びやかに過ぎて若さが随所に感じられるのですが、後記の方は老練というか、或いは枯淡というか、極度に省略された文章による宗教的真理の表現の妙に感嘆させられるのであり、恐らくこの後記は、弘法大師が後年書き加えられたのではないかと、わたしは考えているのであります。

## 仏法を求める神々

余談はともかく、『秘鍵』後記に記されているのは、『般若心経』講読によって現された霊験・奇瑞——すなわち、人智を越えるご利益でありますが、嵯峨天皇に『般若心経』を講読されたからといって、死にかけていた重病人が俄《にわか》に快癒したり、猛威を振るっていた疫病が忽ち終息したりする訳はないのであります。

これは、わたしがよく取り上げる経典の一部で、前著『密教法具に学ぶ』にも取り上げている筈ですが、『仁王《にんのう》護国般若般波羅蜜多経』に次のような一説があります。

「大王、諸々の国土の中に無量の鬼神あり、一々にまた無量の眷属あり、もしこの経を聞かば汝が国土を護らん。若し国の乱れんと欲せん時は鬼神先ず乱る。鬼神乱るるが故に即ち万人乱る。当に賊起こりて百姓喪亡し、国王と太子と王子と百官と互いに是非し、天地変化し、日月衆星《にちがつしゅしょう》時を失し度を失し、大火と大水と及び大風等あらん」

すなわち、この国土のなかには計り知れない程の鬼神がいて、この鬼神たちに読経を聞かせていると鎮まって国土を守護してくれるが、お経を聞かせないと鬼神たちが乱れ出し、鬼神たちが乱れると人心までが乱れ出すばかりか、天体の運行・気象までが乱れ出して天変地異が競い起こるというのであります。

ここにいう鬼神とは、神祇として祀られている威神力のある人物（例えば平将門や菅原道真など）の霊や、その眷属としての死者の霊たちでありましょうが、古来、疫病流行の背後には鬼神の乱れがあるとされ、夏祭は疫病退散のために祭神を鎮めるものであるといわれています。

わたしは、鬼神とは成仏のために仏法を求める神や霊たちを意味すると考えているのですが、わが国の神々が如何に仏法を求め続けていたかは、弘法大師の高野山開創にまつわる丹《に》生《う》津《つ》姫命《ひめのみこと》の奇瑞が雄弁に物語っているのであります。

高野山開創に際して、弘法大師は麓の天野というところで一泊されます。その時の様子が

『二十五ヶ条の御遺告《ごゆいごう》』には次のように記録されています。

「彼の山の裏の路辺に女神あり、名づけて丹生津姫命という。その社の廻りに十町ばかりの沢あり、もし人到り着けば即時に傷害せらる。まさにわれ上登の日巫祝《かんなき》に託して（官符案遺告には人躰を現じてとあり）曰く、妾《わらわ》神道に在て威福を望むこと久し、いま菩薩この山に到る妾が幸なり。弟子昔現人《あらひとがみ》の時にケクニスベラノ命、家地を給うに万許町を以てす。南は南海を限り、北はヤマト川を限り、西は応神山の谷を限り、東は大和の国を限る。こい希くは永世に献じて仰信の情を表すと」（蓮生観善著『弘法大師伝』に依る）

すなわち、天野に古い社と大きな池があって、旅人がそこに到り着くと「即時に傷害せらる」というのですから、相当に恐ろしい神だったのでしょうが、その夜、丹生津姫命が人の姿を現じて弘法大師の前に現れ、自分は久しい間神としての威福を願ってきたが、いま菩薩がこの山に来られた。こんな幸せはないといって、昔自分が人間だった頃に天子より賜っていたこの土地を永世に大師に献上して、信仰の証《あかし》とすると霊告されたのですが、このことから考えても、弘法大師によって真言密教が請来されることを日本の神々が如何に期待し、そしてその為に弘法大師を如何に護り続けられてきたかが偲ばれるのであります。

神が請来した真言密教

わたしは、真言密教を請来されたのは、実は日本の神々ではなかったかと考えているのであります。勿論、直接受法されたのは弘法大師ですが、大師の背後には多くの神々が真言密教請来の為に守護されていたのではないかと憶念させられるのであります。

異教の伝来には凄まじい葛藤がつきものであります。イスラム教は各地に仏像破壊の爪痕を残しており、そしてキリストの日本伝来には凄絶極まる弾圧が伴い、更にまた、日本仏教の多くの祖師たちが国家権力の圧力の中で開宗しています。

わたしは、日本古来の神々の要請がなかったならば、真言密教はこれほど平和裡に、然も歴代天皇の帰依を受けて日本に根づくことはなかったのではないかと考えています。

弘法大師は十九歳にして出世コースの大学を捨てて以来、全国の霊山という霊山を跋渉して修行されていますが、当時の霊山というのは、先の丹生津姫命の奇瑞に見られるように神の山であります。そして、大師はこの山野に於ける修行中に日本の神々の要請を一身に受けられて、その守護のもとに入唐求法されたのであり、神々の守護があったればこそ、短期間の留学で超人的な成果を得られたのではないかと思われるのであります。

そして、このことを一番自覚されて居られたのが弘法大師であった筈であり、『般若心経秘鍵』講読は、真言密教請来に於ける神々の守護に対する弘法大師の感謝の表明であると、わたしは考えているのであります。

## 神への謝念と祈願

解説が長くなりましたが、神分は、このように真言密教請来を守護し給うた神々に感謝の法楽を捧げると共に、その守護による修法の成満を祈るものであります。

『密教大辞典』には、神分は神下しとも名づけ、神分を用いる本拠は『大日経』（七）真言事業品にあり、神分の「分」とは法施《ほっせ》を諸神に分与する義であり、また一切の諸神及び三界の五類諸天はすべて、大日如来が衆生済度のために応現し給える等流身《とおるじん》であるから仏法擁護の誓願があり、これを驚覚《きょうかく》して本願を憶念せしめるとともに、法味を捧げて歓喜させるものであると解説されています。

然しわたしは、修法に際して、普礼《ふらい》や護身法や洒水《しゃすい》等によって、行者の身心と修法壇上を浄めると同時に、本尊聖衆への表白《ひょうびゃく》に続いて神分を行うのは、修法の無魔成満への加護を神に祈るものであると考えているのであります。

それは、弘法大師が高野山開創に際して、先ず高野明神を祀られたのと同じことであり、真言密教請来が実は神々の意志であったことを示すものに他ならないのであります。

今、わたしは一切の諸神及び三界の五類諸天はすべて、大日如来の等流身であると申しましたが、等流身とは詳しくは等流法身《とおるほっしん》といい、四種法身の一つで、平等法界より流出《るしゅつ》するものという意味で、等流と名づけられるといわれています。

更にまた、四種法身とは密教独特の仏身説で、自性・受用・変化・等流の四種の法身をいい、これにまた三種の説があるなど難しい教義がありますが、分かり易くいえば、自性身とは大日如来の本質を指し、他の三身は衆生の機根に応じて現れた大日如来の姿であり、菩薩のために現ずる姿を受用、声聞・縁覚のために現ずるを変化、六道の衆生のために現ずるを等流と名づけるのであります。

そして五類諸天とは、仏教に帰依したインドの古い神々で、天空地三界の主領たる上界天、忿怒神の主領たる空行天、神の軍勢の統帥者たる住空天、神と人間とを交通する天使たる地《じ》居天《ごてん》、神に使命を果たすための神僕たる地下天であります。

また、神分には「王城の鎮守諸大明神」という言葉が出てきますが、王城の鎮守諸大明神とは、天照・八幡三処・加茂上下・松尾・平野・稲荷・春日四処・大原・大三輪・石上・大和・広瀬・竜田・住吉・日吉・梅ノ宮・広田・祇園・北野・丹生・貴布禰等の二十二社であります。

## ●五悔─心を荘厳するもの

### すべては帰依に始まる

本書の冒頭にも触れておきましたが、わたしは、修法とは外なる本尊（神仏）をわが心の中の道場に遷座するのは勿論ですが、わが心の深奥──すなわち、深層意識の世界に本来住し給う本尊（仏性）をわが顕在意識の道場にお迎えする作法であると考えていますが、その為に最も大事なことは、行者が自らの心を浄めることでなければなりません。

神仏を祀るためには、神仏を安置する社や道場・宮殿を美しく荘厳しなければならないように、わが心の中に神仏を安置するためには、神仏の道場・宮殿となるわが心内を美しく荘厳することが肝要であります。何故なら、このことは後の結界でも触れることになりますが、崇高な神仏を迎えるには美しく清浄な道場や宮殿が必要であり、荒れ果てた汚い神社・仏閣には低次の悪霊や魔性のものどもが集まってくるからであります。

従って、修法とは一にも二にも行者が自らの心を浄めることでなければならないのであり、すべての作法はその為にあります。

西院流の『十八道念誦次第』に依りますと、神分の後に一切恭敬敬礼常住三宝、浄三業真言、普礼真言に続いて五悔《ごかい》となるのですが、これらはすべて行者の心を清浄にするための真言に他ならないのであります。

五悔は、胎蔵法の九方便に対する金剛界の懺悔礼仏法《さんげらいぶつほう》であります。五悔と称する所以は、至心帰命・至心懺悔・至心随喜・至心勧請・至心回向の五種の懺悔《さんげ》によって構成されているからであり、一切の仏・菩薩に対して礼拝懺悔の真情を吐露するものであります。

今、五悔の字句の一々については解説のゆとりがありませんが、参考までに全文を掲げれば次の通りであります。

帰命十方一切仏　最勝妙法菩提衆　以身口意清浄業　慇懃合掌恭敬礼　帰命頂礼大悲
毘盧遮那仏。
無始輪廻諸有中　身口意業所生罪　如仏菩薩所懺悔　我今陳懺亦如是　帰命頂礼大悲
毘盧遮那仏。
我今深発歓喜心　随喜一切福智聚　諸仏菩薩行願中　金剛三業所生福　縁覚声聞及有情
所集善根尽随喜　帰命頂礼大悲毘盧遮那仏。
一切世燈坐道場　覚眼開敷照三有　我今蹦跪先勧請　転於無上妙法輪　所有如来三界主
臨般無余涅槃者　我皆勧請令久住　不捨悲願救世間　帰命頂礼大悲毘盧遮那仏。
懺悔随喜勧請福　願我不失菩提心　諸仏菩薩妙衆中　常爲善友不厭捨　離於八難生無難

宿命住智荘厳身　遠離愚迷具悲智　悉能満足波羅蜜　富楽豊饒生勝族　眷属広多恒熾盛
四無礙弁十自在　六通諸禅悉円満　如金剛幢及普賢　願讃回向亦如是　帰命頂礼大悲毘
盧遮那仏。

大意は次の通りです。先ず、至心帰命は、十方の一切仏と最勝妙法の菩提衆に帰命して、身・口・意の清浄業を以て慇懃に合掌し恭しく敬礼するという意味の語句からも判るように、三業を清浄にして一切の仏・菩薩に帰命し奉るということであります。そして、そこからすべては始まります。すなわち、宗教は先ず帰依に始まるのであります。

## 如是我聞は「信」の表白

例えば、「得度」というのがあります。一般には僧籍に入るための儀式のように解されがちですが、本来は仏法——すなわち、仏の教えを学ぶために仏に帰依を表明する作法なのであります。

世間の常識に従えば、先ず兎に角、教えを聞いてみて、納得がいったり、或いは感動したりしたら帰依しましょう——ということになるのでしょうが、仏法はそうではありません。先ず初めに、仏や良師に対する帰依の心がなければ、真実の法は聞くことが出来ないのであります。それを端的に表現しているのが、経典冒頭の「如是我聞《にょぜがもん》」の一語であります。

すべての大乗経典は「如是我聞」、すなわち「是《か》くの如く我れ聞く」の一語に始まるのですが、これは経典読誦に際して、先ず「信」、すなわち帰依の情を表明することに他ならないのであります。

読経というのは、経典を読んでみて、納得がいったら信じようというのではなく、先ず説法者たる仏に帰依して読むことが肝腎なのであります。

すなわち、ここに説かれていることをそのままに、一切の私見を交えずに、説かれている通りに聞きますという帰依の表明であります。そして、仏・菩薩への帰依によって生じるのが次の至心懺悔であります。

### 発露懺悔文に縋る

至心懺悔とは、無始以来犯した身・口・意の三業を、仏・菩薩の前に至心に懺悔することであります。

すなわち、前段の至心帰命では、身・口・意の三業を清浄にして、一切の仏・菩薩に帰命し奉ると発願したのですが、では、どうすれば三業を清浄にすることが出来るかといえば、懺悔以外にはないのであります。唯、懺悔のみが三業を清浄ならしめますが、然しまた、この懺悔というのが大変難しく、容易ではありません。

新義真言宗の祖である興教大師に、『密厳院発露懺悔文《ほっろさんげのもん》』というのがあります。破戒無慚な当時の僧への厳しい批判と共に、そのような僧に対する興教大師の無限の慈悲を想わせる名文ですが、そこに書かれている僧の現状は現代に於いても何ら変わることなく、読む度に自らの破戒無慚を痛感させられるのであります。

この『懺悔文』は、僧が自らへの厳しい訓戒として読誦すべきものですので、余り世間の人々に公表したいものではありませんが、次のようなものであります。

我等懺悔す無始よりこのかた、妄想に纏われて衆罪を造る、身口意の業常に顛倒して、誤って無量不善の業を犯す、珍財を慳吝《けんりん》して施を行ぜず、意に任せて放逸にして戒を持せず、屢々忿恚《しばしばふんい》を起こして忍辱ならず、多く懈怠を生じて精進ならず、心意散乱して坐禅せず、実相に違背して慧《え》を修せず、恒にかくの如くの六度の行を退して、還って流転三途の業を作る、名を比丘に仮て伽藍を穢し、形を沙門に比して信施を受く、受くるところの戒品《かいぼん》は忘れて持せず、学すべき律儀は廃して好むことなし、諸仏の厭悪し給う所を慚じず、菩薩の苦悩する所を畏れず、遊戯笑語して徒らに年を送り、恬誑詐偽《てんぎょうさぎ》して空しく日を過ぐ、善友に随わずして痴人に親しみ、善根を勤めずして悪行を営む、利養を得んと欲して自徳を讃し、勝徳の者を見ては嫉妬を懐き、卑賤の人を見ては驕慢を生じ、富饒の所を聞きては希望を起こし、貧乏の類を聞きては常に厭離す、故《ことさ》らに殺し誤って殺す有情の命、顕《あらわ》に取り密かに取る他人の財《たから》、触れても触れずしても非梵の行を犯す、口四意三《くしいさん》互いに相続し、仏を観念する時は攀縁《はんえん》を発《おこ》し、経を読誦する時は文句を錯《あやま》る、若し善根を作《な》せば有相《うそう》に住し、還て輪廻生死の因と成る、行住坐臥知ると知らざると、犯す所のかくの如く無量の罪、今三宝に対して皆発露し奉る、慈悲哀愍して消除せしめ給え、皆悉く発露し尽《ことごと》く懺悔し奉る、乃至法界の諸の衆生、三業所作のかくの如くの罪、我れ皆相代って尽《ことごと》く懺悔し奉る、更に亦其の報いを受けしめ給わざれ。

ここで一言付記しておきますが、文中の「卑賤の人を見ては」の卑賤とは、人間の行動の尊卑をいうのであって、仏教は本来出自や身分等をもって尊卑の価値判断をすることはないのであります。

私事で恐縮ですが、わたしは勤行の後、必ずこの『懺悔文』を読誦するのですが、その度に痛感させられるのは、真の懺悔の難しさであり、わが懺悔の未だ到らざることであります。懺悔をしようと思えば思うほど、わが懺悔の到らざるを痛感させられるのですが、それは同時に、仏・菩薩への帰依の到らざることをも痛感させ、唯ひたすら『懺悔文』を読誦するばかりであります。

そして、最後の「我れ皆相代って尽く懺悔し奉る、更に亦其の報いを受けしめ給わざれ」の一語に、身の震えるような感動を覚えるのであります。

すなわち、興教大師のこの一語に示されているのは、懺悔こそが救いであるにも拘わらず、その懺悔が如何に至難の業であるかということであり、それは取りも直さず、如何にわたしたちが救い難い身であるかということに他ならないのであります。そして、わたしたち凡人には至難の業であればこそ、興教大師がわたしたちに代って懺悔を一身に引き受けて下さっているのであります。

すなわち、ここに示されているのは身代わり不動の誓願であり、代受苦の大慈悲心に他ならないのであり、興教大師のこの大慈悲の誓願によってわたしたちは救われるのであります。

そして、まことの懺悔によって生じるのが救いに預かるという歓喜心であり、次の至心随喜であります。

## 衆生と共に喜ぶ

至心随喜とは、深く歓喜の心を起こして、仏・菩薩や先徳及び一切有情によって積集《しゃくじゅう》されている福智の善根功徳を心から随喜することであります。

それは例えば、わたしが『発露懺悔文』に邂逅することによって、救われる喜びを感じることが出来たようにであります。

そして次に、至心勧請とは、一切の諸仏に久しく世に住して衆生救済の悲願を捨てずに、法輪を転じて衆生を利益し給えと、心の底から勧請することであります。すなわち、自らが救われた喜びをすべての衆生にも等しく分ち与えたいとの願いであります。

そして最後に、至心回向とは、今までに列記した帰依・懺悔・随喜・勧請の四つの功徳を失わないと共に、菩提心を退転せしめず、常に諸仏に随って学ぶと共に、常に衆生を利益し、諸々の功徳を得て、これを無上菩提に回向したいと願うのであります。

以上、帰命・随喜・勧請・回向の四願を行ずるときには、必ず過去に於いて是れを行ぜず、然もこの四願に背いた罪を懺悔するために、至心懺悔のみならず、この五者すべてに懺悔の意味を込めて「五悔」と名づけるのであります。

### 方便とは智慧の作用

ここで、金剛界の「五悔」に対する胎蔵法の懺悔《さんげ》礼仏法《らいぶつほう》の「九方便《くほうべん》」について触れておきます。

九方便は、作礼《さらい》・出罪《しゅつざい》・帰依・施身・発菩提心・随喜・勧請・奉請法身《ぶじょうほうしん》・回向の九種の方便から成ります。

方便とは、『理趣経』百字偈にも「般若と及び方便との、智度を以て悉く加持して、諸法及び諸有、一切皆清浄ならしむ」と説かれていますように、普通には般若に対比するものとして説かれています。すなわち、般若が智慧と訳されるのに対して、方便は多くの場合、慈悲の働きと解されるものであります。

『密教大辞典』には、「般若(慧)に対して化他の智用をいう。即ち自証正体智を般若と名づけ、化他の後得智を方便と名づく(中略)。密教には如来内証の五智が外に向かいて化他の業用を示すを方便智といい、内に向かいて真理を証するを正体智という。故に般若と方便とは一体の二用なり」と解説されています。

大変難解な解説ですが、ここに出てくる「自証」とは自ら悟ることであり、「正体智」とは如来が自らの悟りの真理を証明する智慧であり、「後得智」とは方便智ともいい、大悲化他の智——すなわち、慈悲の作用を意味しています。

端的にいえば、如来の五智が行者の内面に於いて真理を体得する智慧の働きとなるとき、これを正体智といい、その智慧が衆生に向かって慈悲となって作用するとき、これを方便智と名づけるというのでありましょうか。

『大日経』住心品には「方便を究竟《くきょう》と為す」とあり、『大智度論』には「仏心とは大慈悲これなり」とありますが、仏教とは究極に於いて慈悲行に尽きるのであり、仏心もまた慈悲以外の何ものでもないのでありますが、その慈悲は智慧によって発現するものであります。従って、慈悲なき者はすなわち智慧無き者でもあります。

それは兎も角、わたしは智慧が慈悲となって働くとき、これを方便と名づけるのであると理解しています。

## 九方便とは何か

九方便には、それぞれに偈頌と印明があります。然し大抵は真言を用いず、また別印を結ばず金剛合掌で通すようですが、『密教大辞典』には「作礼《さらい》等の九種は印明結誦等の方便力によりて、真実に九種のことを成就するが故に九方便と名づけ、或いは諸修の法の前方便となるが故に九方便と称す」と解説されています。

この九方便も五悔と同じように、先ず帰依に始まります。すなわち、最初の作礼《さらい》方便は、身口意の三業を清浄にして、十方三世の仏・菩薩及び一切大乗の法や諸印明に帰命し奉ることであります。

次に出罪方便とは、無始以来生死流転《しょうじるてん》中に身口意の三業を以て造り積集《しゃくじゅう》せる衆罪を懺悔《さんげ》することであります。

次に帰依方便とは、十方三世の諸仏と正法とに帰依し、随うということであります。第一の作礼と第三の帰依とは、共に三宝に帰依することですが、前者は恭敬を表すものであり、後者は随従の意味を表明するものだといわれています。

次に施身方便とは、行者の身体を浄めて一切の諸如来に捧げることであります。そして次に発菩提心方便とは、菩提心を起こして衆生救済の大慈悲心を起こすことであり、随喜方便とは、諸仏・菩薩及び諸仏弟子の修した福智の善根に随喜するということであり、勧請方便とは、諸仏・菩薩常に法輪を転じ給うて、正法の常にこの世にあらんことを勧請することであります。

そして奉請《ぶじょう》法身方便《ほうしん》とは、衆生をして衆苦の積集するこの身を捨てて、清浄の法界身に安住せしめ給えと請うのであり、最後の回向方便とは、行者が修した善根を一切衆生に回向することであります。

以上、九方便について極めて簡単に触れてきましたが、前にも述べましたように、ここに説かれているのは、五悔と同じように、一切は仏・菩薩への帰依に始まるということであります。仏や正法への帰依がわが身の罪垢を懺悔せしめると共に、衆生救済の誓願を起こさせるのであります。

## 仏はわが心中に住し給う

なお『密教大辞典』には、「九方便は行者の九識を転じて中台八葉九尊の内証を開顕する義を表し、或いは三三平等の義を表す」と、難しい解説がなされていますが、端的に言えば、曼荼羅はわが心中にあり、仏もまたわが心内にあるということであります。

九識とは、眼・耳・鼻・舌・身・意・末那《まな》・阿頼耶《あらや》・菴摩羅《あんまら》の九識で、簡単にいえば身体五官によって生じる意識と深層意識を意味しています。また中台八葉九尊とは、胎蔵曼荼羅の中央に位置する八葉蓮華のなかに住する九尊――すなわち、大日如来を始め宝幢・開敷華《かいふけ》王《おう》・無量寿・天鼓雷音《てんくらいおん》の四仏と、普賢・文殊師利・観自在・弥勒の四菩薩であります。

八葉蓮華は本来は白色で、生命が本来有するところの菩提心の清浄性を表しますが、原図曼荼羅は相伝によって大悲を象徴する赤色に描かれており、衆生の深奥に本来具足する仏性を具象化したのが九尊なのであります。

従って、「行者の九識を転じて中台八葉九尊の内証を開顕する」とは、判り易くいえば、衆生の意識・想念を浄めて本来の仏性を発現せしめるということに他ならないのであります。端的にいえば、わが心（意識・想念）のなかにこそ仏は住し給うということでありましょう。

また、三三平等は三三昧耶《さんまや》ともいいます。三昧耶は平等と訳されるため、三平等ともいわれています。

この三平等については大変難しい教義がありますが、簡単にいえば、自心と仏と衆生との三法平等、身語意の三密平等を始め三宝・三身三世等々がすべて平等であるということであります。端的にいえば、衆生の三業も仏の三密も平等ということであり、衆生の三業のなかにこそ仏の三密は開顕されるということでありましょう。

## ●三摩耶戒―真言行者の命根

『十八道念誦次第』では、「五悔」についで「発菩提心真言」「三摩耶戒真言」「発願」と続きます。

「発菩提心真言」は、金剛合掌または金剛縛印を結んで誦じます。少し専門的にいいますと、金剛縛は諸経軌には多くは外縛《げばく》ですが、内縛もあり、『理趣会軌』には一切の印契《いんげい》はこれより生ずとあり、『大楽金薩軌』には諸三昧耶印は皆この縛より生ずとあります。

金剛合掌と金剛縛印は共に生仏不二《しょうぶつふに》を表すといわれ、この印明を結誦するとき、行者は速やかに浄菩提心を起こすといわれています。

また「三昧耶戒」は、秘密三昧耶戒・仏性三昧耶戒・三昧耶仏戒ともいわれ、『密教大辞典』には「三種菩提心を以てその戒体とし、四重禁を戒相とす」とあります。

三種菩提心とは、『菩提心論』には行願・勝義・三摩地の三種とありますが、勝義は密教、三摩地は定を意味しています。

また四重禁とは、正法を捨てず、菩提心を捨てず、一切法を慳吝せず、衆生のために不利なる行を為さないということであり、この四戒は正法の生命であり、真言行者の命根であります。これを破る者は密教中に於いては当に屍に等しいといわれ、密教修行の指針として真言行者たる者の必ず守らなければならない戒とされているのであり、従って灌頂には必ず先立ってこの戒を授けるのであります。

## ●発願―懺悔と願意の表白

次に発願とは、普通には誓願を起こすことですが、修法に於ける発願とは、本尊を勧請して修法者の願意を表明することであります。そして、ここでも矢張りその根幹を為しているのは、「護持弟子　無始以来　三業所犯　一切罪障　皆悉消除」の語句に見られるように行者の懺悔であり、三業を清浄ならしめることに他ならず、修法とは一にも二にも身口意の三業を清浄にすることに尽きるのであります。

次に「勧請」も同じく、本尊聖衆の降臨壇上を勧請して、行者の願意を述べると共に、滅罪生善の大願成就を祈るものであります。

## ●五大願―如来の大願に生きる

### 誓願によって加持を得る

そして次に「五大願」ですが、これは顕教の「四弘誓願」に相当するもので、密教に於ける大願であり、真言行者の通願とされているものであります。

この五大願は大日如来を始めとする五仏五智の大願であると共に、一切諸仏の総願でもあり、金剛界五仏の大願でもあります。

最初の「衆生無辺誓願度」は顕教の四弘誓願と同じであり、発菩提心の誓願であります。菩提心を起こすということは、すなわち自利利他の二利を願うことですが、大慈悲心を起こして衆生救済を誓願することが第一であり、この誓願を起こせば成仏に至るまで金剛薩埵の加持を得て、菩提心を円満することが出来るといわれています。

そして、衆生救済の誓願を起こすが故にこそ、自らが先ず救いを実証せんとの修行が始まるのであり、「四弘誓願」では「煩悩無尽誓願断」の修行となり、「五大願」では「福智無辺誓願集」となるのであります。

すなわち、衆生救済のために福智無辺の功徳を集めることを誓願するのであり、この願を起こせば成仏に到るまで虚空蔵菩薩に加持されて福智円満するといわれています。

次に「法門無辺誓願覚」は、または「法門無辺誓願学」ともいわれ、覚は学にも作られますが、これは智慧門証菩提の誓願といわれ、悟りの智慧を求めて無辺の仏法を学ばんとの誓願であり、この願を起こせば成仏に到るまで観自在菩薩の加持を得て智慧円満するといわれております。

次に「如来無辺誓願事」は、精進門入涅槃の誓願または作業門奉仕の誓願ともいわれ、これまでの諸誓願を成就せんが為に無辺の諸仏に奉仕供養せんとの誓願であり、この願を起こせば成仏に到るまで金剛業菩薩の加持を得て、諸仏供養を成就するといわれています。

そして最後に、「菩提無上誓願証」の「証」は「成」とも作られ、経軌には無上菩提または無上仏道とあり、無上菩提究竟円満の誓願といわれて、大日如来の悟りの世界を体得して衆生を救済せんとの誓願であります。

## 発願は仏智に生きること

以上、五大願の一々について簡単に触れたのですが、教学的には大変深遠な説があり、冒頭に触れましたように、この五大願は五仏五智の大願ですから、その一々に五仏五智が配されているのであります。

すなわち、「衆生無辺誓願度」の誓願は大圓鏡智《だいえんきょうち》の因であり阿閦如来の願。次に、「福智無辺誓願集」は平等性智《びょうどうしょうち》の因で宝生如来の願。「法門無辺誓願覚」は妙観察智《みょうかんざっち》の因で無量寿如来の願。「如来無辺誓願事」は成所作智《じょうそさち》の因で不空成就如来の願であるというのですが、ここに秘められている真理は、如来の誓願を起こすとき、わたしたちは自身即仏となり、仏の知恵に生きるということであります。

なお、この五大願の最初の願は利他の誓願で、後の四願は自利の誓願のようですが、すべては最初の衆生救済の誓願により発した自利の願であり、五願すべてが自利利他の二願に通ずるものであり、従って最後に必ず「自他法界同利益」或いは「護持弟子成悉地」の語句を付加するのであります。

### ●三力偈—供養成就の偈文

次に「三力偈」ですが、これは行者の功徳力と如来の加持力と法界力との三力が相応して遍く供養を成就するという偈文であり、『大日経』七供養儀式品及び『胎蔵四部儀軌』等に基づくものであります。

次に三部被甲護身と続きますが、これは既に護身法に於いて触れており、ここでは省略することに致します。

なお、小野方ではここで大金剛輪の印明となるのですが、大金剛輪は小金剛輪と共に弥勒菩薩所変の大輪明王（金剛輪菩薩）で、その真言の長短によって仮に大小と名づけられているものであります。

大金剛輪の印明を結誦すれば越法罪《おっぽうざい》を除き、所依・摧破・滅罪・周円・補欠等の功徳があるとされています。

所依とはこの国土が生きる依所であるように、自心本有の菩提心を所依として生きることを意味し、摧破とは煩悩業障を摧破することであり、それは同時に滅罪をも意味し、周円とは一切を具備円満することであり、それは同時に補欠でもあります。

## ●結界――魔障を防御するもの

### 地結――大地を鎮めるもの

そして次に、地界金剛橛《じかいこんごうけつ》（地結）、金剛墻《こんごうしょう》（四方結《しほうけつ》）となります。

結界とは、律では衆僧に戒律を護持させるために、一定の地域を区画して制限することをいい、或いは普段は常に携えていなければならない三衣《さんね》を、病僧のために手放すことを許した特定区画を意味しましたが、それが後には本堂の内陣と外陣を分かつ柵や、或いは僧俗の席を分かつ矢来などに変化したものであります。

然し、密教にいう結界とは、修法道場に魔性の侵入を防ぎ、善天・善神のみを招くために一定の境界を辟除結護《びゃくじょけつご》することをいいます。そして、その基本となるのが地界金剛橛《じかいこんごうけつ》（地結）なのであります。

これは前著『密教法具に学ぶ』でも触れていますが、修法壇（大壇）上に於ける金剛橛は、壇の四隅に立つ四本の柱であり、これを支柱として金剛墻《こんごうしょう》を象徴する壇線（四方結）が張られているのですが、これは何を意味しているかといえば、金剛橛（地結）こそが結界の基盤であるということでありましょう。

では、結界の基盤をなす金剛橛とは如何なるものであるか。地界金剛橛を結ぶには印明の作法をしなければなりませんが、本書は広く在家の方にも読まれるものであり、未得度者や未灌頂者にはその印明を明らかにすることは許されませんので、これを秘しますが、次のような観想をするのであります。

すなわち、「下も金剛輪際に到って金剛不壊《ふえ》の界となる。大力の諸魔揺動すること能わず。少なき功力《くりき》を施せば大いに成就を獲《う》。地中の所有の諸々の穢悪の物、加持力に由るが故に悉く皆清浄なり（以下略）」と。

ここで注目すべきは地中にある「大力の諸魔」とは何かということであります。修法壇上に於ける金剛橛は壇の四隅に立てられた四本の柱（杭）ですが、柱はすなわち縦であり、縦はすなわち時間を象徴するものであります。

そして時間とは、過去・現在・未来を繋ぐものであれば、地中が暗示しているのは過去――すなわち、死者たちの霊でありましょう。土中にあって揺動する「大力の諸魔」とは、迷える霊たちを意味しているのではないかとわたしは考えているのであります。

従って、先ず結界の最初に為すべきことは、霊たちを鎮めることでなければならないと考えているのであります。

## 霊を鎮める読経の功徳

神道では死者の霊を数える時は「柱」と呼ばれますし、古代では死者を祀ることは即、国を治めることでありました。柱という言葉には、死者の霊が国を支えるという思想が象徴されており、死者を祀ることが国を治めることであるという思想から「政《まつりごと》」という言葉が生まれたのでありましょう。

先にも引用しました『仁王護国般若経』の「大王、諸々の国土の中に無量の鬼神あり、一々にまた無量の眷属あり。もしこの経を聞かば汝が国土を護らん。もし国の乱れんと欲せん時は鬼神先ず乱る。鬼神乱るるが故に即ち万人乱る云々」の一節は、国を治め、人心を善導するために、如何に霊の供養が大事であるかを教えるものであります。

ここにいう鬼神とは死者の霊と考えていいのであり、或いはそれを地霊というのかも知れませんが、鬼神という言葉には霊の作用の恐ろしさ、偉大さが象徴されているのであり、それを地結の観想は「大力の諸魔」と表現しているのではないかと考えています。

## 回向は祈願の基盤

祈りを分類して滅罪と生善、すなわち回向と祈願ということがよくいわれます。滅罪とはすなわち死者の霊の回向、生善とは生者の所願成就の祈願であります。

そして普通には、檀家寺では先亡檀信徒の回向に終始し、祈祷寺或いは信者寺といわれる寺では所願成就の祈願を専一にするようですが、なかには回向と祈願とを厳重に区別して、回向は一切しないという祈願寺もあるようであります。

曽て、六大新報社を訪問された某祈願寺のご住職を二階の仏間に案内しようとしましたが、固辞して上がろうとされない。理由は、わたしが二階で理趣経法を修法しているに違いないからというのであります。理趣経法は回向に用いられることが多いのであります。

勿論、わたしは二階の仏間で、編集の業務にかかる前の早朝に一座の修法を修してはいますが、その修法は不動法であって、理趣経法ではありません。その方はわたしが理趣経法を修法していると思い込んで、二階へ上がられなかったのですが、自分は祈願寺の住職として日々信者の所願成就の祈願を修しているから、回向の場所には近づかないというのであります。

回向といえば死者を連想させて不浄という観念があって、それが祈願には縁起が悪いというような観念があるのかも知れませんが、それは大いなる誤解といわざるを得ないのであります。

生者の所願成就のための祈願には、死者の回向などは邪魔になるなどという考えは、大いなる過ちであります。祈願を成就させるためには先ず回向によって霊を鎮め、成仏させることによって、霊の威神力を借りなければなりません。

京都の夏の終りを告げる五山送り火の最後を飾るのは鳥居形ですが、その山麓を鳥居本といい、弘法大師が最大の外護《げご》者である嵯峨天皇の病気平癒祈願のために、丹生津《にうつ》姫命《ひめのみこと》を勧請してそこに祀られたからであると伝えられています。

古来『般若心経秘鍵』読誦は、所願成就の祈願に効験著しいといわれていますが、その『秘鍵』は弘法大師が弘仁九年の天下大疫に際して、路上に捨てられている累々たる死者たちの回向と同時に、五社明神への法楽として捧げられたものであります。

そしてまた、わたしは先に鬼神とは成仏のために仏法を求める神や霊たちを指すといいましたが、「神分」の項で既に触れましたように、所願成就を祈願する修法に於いても先ず最初に、神（霊）に法楽を捧げて所願の成就を祈るのであります。

従って、地界金剛橛が教えているのは、霊の回向がすべての基本であるということで、そしてこのことを傍証しているのが次の金剛墻《こんごうしょう》（四方結）であります。

## 金剛墻—同時代の魔性を防ぐ

金剛墻（四方結）は、道場の荘厳では五色の壇線によって象徴されています。そして壇線は、前項の地界金剛橛《じかいこんごうけつ》を支柱として大壇の四方に張り巡らされていることに注目しなければなりません。

それは取りも直さず、金剛橛を支柱としなければ壇線は張られない——すなわち、四方結は不可能ということであり、修法に於いても、地結あって初めて四方結が成り立つということを意味しているのであります。先の霊を「柱」と呼ぶ神道の思想にも相通ずるものがあるようですが……。

四方結とはその名の如く、四方——すなわち空間を意味するのですが、それは取りも直さず同時代に生きる者たちの煩悩による禍《わざわい》を防御することであると、わたしは考えています。

金剛橛を支柱としなければ四方結が成り立たないということは、先ず霊たちを鎮めなければ、現実に生きる人間たちの心を浄めることが出来ないということが教えられているのであります。

そしてここで想起されるのが、先の『仁王護国般若経』の「鬼神乱るるが故にすなわち万人乱る」の一節であります。

この一節は更に、「当に賊起こりて百姓喪亡し、国王と太子と王子と百官と互いに是非し、天地変化し、日月衆星時を失し度を失し、大火と大水と及び大風等あらん」と続きますが、霊の回向が疎かになりますと、人心は悪化して賊がはびこり、政治も社会世相も乱れるのみならず、自然現象までが狂い出すというのであります。

すなわち、死者の霊と生者の心とが如何に深く繋がっているかが教えられているのであります。

### 仏教がいう悪人とは何か

わたしは先に、金剛橛は縦であり、縦は時間を象徴し、横は空間を意味し、空間とはまた同時代を意味するといいましたが、その事を端的に表現しているのが、四方結に於ける次の観想文であります。

「印より熾焔《しえん》を流出《るしゅつ》す（中略）。前の地界にかなえて即ち金剛堅固の城となる。諸魔・悪人・虎狼《ころう》・獅子及び諸々の毒虫付近《ふごん》すること能わず」

すなわち、ここで初めて悪人や獅子・虎狼・毒虫などという現実の危険な存在が出てくるのであります。従って、四方結は異次元の諸魔とともに、現実に存在する障碍者たちの危難や、悪人の悪想念等から行者を防御するものでありますが、ここで留意すべきは、仏教がいう悪人とは何かということであります。

世間とは善悪を価値の基準として、常に善悪を論じつつ対立し、善悪から離れ得ない世界であるとともに、善悪業報によって生じた世界であります。

では、出世間とは世間――すなわち、善悪業報を超えて生きるという意味になります。従って、出世間法に生きる仏教には「悪人」と断ぜられる者は居ない筈であります。

親鸞聖人にも、「善悪の二つ総じてもて存知せざるなり」（『歎異抄』）というお言葉がありますが、出世間法たる仏教の世界には悪人は居ない筈ですが、仏教がただ一つ悪人と断ずるのは、善悪を超えたる出世間法に生きる僧の形をしながら、僧伽《そうぎゃ》に身分差別や出自の尊卑などの世間的価値基準を持ち込んで、僧伽を破る者を悪人と断ずるのであります。

そして、これは決して他人事ではなく、わが身を省みて先ず自らが懺悔すべきことではないかと考えるのであります。

## 魔性を誘う行者の煩悩

西院流十八道念誦次第では、この金剛墻の結界に次いで「道場観」となるのでありますが、話の都合で、ここで修法に於ける五種結界について触れておきたいと思います。

五種結界とは、これまでに触れた地界金剛橛《じかいこんごうけつ》（地結）・金剛墻《こんごうしょう》（四方結）に、更に金剛網《こんごうもう》（虚空網）・金剛炎《こんごうえん》（火院）・大三《だいさん》摩耶《まや》を加えたものであります。そしてこれらの結界が教えているのは、そのいずれもが行者心内の煩悩魔に応じて襲来する異生の魔性を防御するものであるということであります。

従って、外なる魔性を防ぐためには、先ず行者が自心の煩悩を浄めなければなりません。すなわち、地界金剛橛は行者の貪煩悩を浄めることによって、地中の大力の諸魔を退け、金剛墻は行者内心の疑煩悩を断除して悪人等の障害を除き、金剛網は虚空網ともいわれるように、虚空（天空）より襲来する天魔を防ぐために、行者の慢煩悩――すなわち、驕慢の心を断除して敬虔ならしめるのであり、金剛炎はまた、火院または密縫《みっぽう》の印ともいわれるように、火焔を以て道場を結界すると共に、行者の瞋煩悩を断除します。

そして、これら四種の結界を統括して、如何なる魔性をも寄せ付けないと共に、行者心内の痴煩悩――すなわち、一切の迷妄を断ずるのが大三摩耶であります。

以上、五種の結界は、人間の心内の煩悩が外なる魔性を誘引することを教えているのですが、その中で悪人や虎狼・毒虫などの、いわゆるこの世的なる危害や障害を説いているのは金剛墻のみ、他はすべて異次元的魔性を説いているのであります。

従って、この金剛橛と金剛墻に示されている真理は、行者が貪欲の心を慎むことによって霊たちを鎮め、霊たちを鎮めることによって、同時代に生きる人々に善心を起こさせるということであります。

そして、この五種結界で最も大事なことは、修法に於ける結界の作法とは、外なる魔性を追い払うなどというようなことではなく、行者自身がおのが意識・想念を浄める作法であると共に、外なる魔性といっても、それは外界から襲来してくるのではなく、行者の意識・想念――すなわち、心を通路として襲来してくるということであります。ということは、魔性は決してわたしたちと無縁の存在ではないということであります。

## ●道場観―心内に道場を荘厳する

金剛橛・金剛墻によって浄められた菩提心の清浄地に本尊を勧請するために、本尊を安置する道場（曼荼羅）を建立するのが道場観であります。

わたしは常々修法とは、わが深層意識の奥に本来存在する所の本尊と、外なる鋳造繪木の本尊とをわが胸なる心中（顕在意識）に遷座申し上げることであると考えていますが、神仏を祀るためには道場を荘厳しなければならないように、わが心内に遷座するためには、その道場であるところの心――すなわち、意識・想念を荘厳しなければなりません。心の荘厳とは、すなわち菩提心を以て意識・想念を清浄にすることであります。

そして、行者の心内こそが本尊の道場だからこそ、道場観に於いては如来拳印を以て行者の身を加持するのであります。すなわち如来の道場は行者の心中にあって、大壇上の荘厳は行者心内の道場の具象化に過ぎないのであります。

ところで、この道場観にも、小野の伝では本尊を理法身――すなわち自性身とし、広沢では他受用身とするなど、教学的には大変難解な教義解説がありますが、未消化の解説は却って真義を誤解せしめる恐れがあり、割愛して先に進むことにします。

## ●大虚空蔵―大宇宙に住す

道場観に続くのが大虚空蔵の印明であります。すなわち、虚空蔵菩薩の印明であり、この印明によって、本尊を安置する道場に宮殿・楼閣や無量の荘厳具及び供養物を流出すると観想するのであります。

但し、この大虚空蔵は多くの場合は道場観の後に結誦しますが、『無量寿軌』等では道場観の前に結誦します。道場観の前に結誦する場合は、この印明によって無量の供具や宮殿楼閣等が流出して道場を荘厳すると観想し、道場観の後に結誦する場合は、道場観に於ける観想を真実なるものとして証明するものであります。

そして、この大虚空蔵で大事なことは、印明を結誦するときに、行者は自らが虚空蔵菩薩の三摩地に住して、自身即虚空蔵となって加持しなければならないということであります。これは、未得度の在家の読者には詳説すべきことではありませんので、簡単に触れておきます。大虚空蔵の印相《いんぞう》については儀軌や流派によって様々な説と相違がありますが、普通には二頭指を宝形にするのはすなわち宝珠で、金剛界三十七尊十六大菩薩中の金剛宝菩薩を表し（瑜祇経には虚空蔵菩薩と名づけ）、二中指を縛すのは光明の象徴で光菩薩（密号を金剛威徳）、二無名指を立て合わすのは宝珠を載せた宝柱を表して幢菩薩（密号円満金剛・願満金剛）、そして二小指は笑菩薩（密号喜悦金剛）を表すとされ、二頭指の宝珠より諸々の供具を生じて諸仏を供養するとともに衆生に施すとされています。

また、二大指は両部大日及び諸尊、二頭指は宝珠、二中指は蓮華、二無名指は宝幢、二小指は大地を象徴し、虚空のなかに宝幢があって、幢上に蓮華があり、花の上に宝珠があって、普く諸々の供具及び万宝を降らすとの観想もあります。

いずれにしろ、大虚空蔵で最も大事なことは、行者が自身即虚空蔵菩薩となって大虚空（大宇宙）に住すという、虚空との一体感を体現することでなければならないのであります。

## ●宝車輅・請車輅・迎請

### 清浄心こそが本尊聖衆の通路

道場観及び大虚空蔵によって道場荘厳が出来たら、次に本尊及び聖衆をお迎えするのが宝《ほう》車輅《しゃろ》・請車輅《しょうしゃろ》・迎請《げいしょう》であります。

宝車輅は七宝車輅・宝車または単に車輅、或いは金剛駕などともいわれ、「七宝荘厳の車輅となって無量聖衆を請い奉るにこの車輅に乗り給う」と観想しますように、聖衆を迎える車であります。

現代でも賓客を招くに際して迎えの車を差し回すのは最高の儀礼であり、心尽くしですが、最高の儀礼を以て仏・菩薩をお迎えするのであります。

然し、それは飽くまでも客を招くという世俗の仕来りに譬えたものであって、この作法に秘められているのは「発心即到」の真理であり、車輅とは菩提心を意味するのであります。

車輅の「輅」とは大車・玉車という意味で、印相は車を表すとともに、二大指を以て外に向かって撥去するのは、瞬時にして本尊の浄土に到ることを表しているのであり、それは同時に、龍猛菩薩の『菩提心論』に「もし人、仏慧を求めて菩提心に通達すれば、父母所生の身に、速やかに大覚の位を証す」（弘法大師著『即身成仏義』）とあるように、発心と同時に悟りの境地に到るという真理が象徴されています。

そして、それは同時に衆生心奥（深層意識）の本有の本尊（仏性）が、菩提心の清浄なる意識・想念を車輅として胸中（顕在意識）の道場に即到されるということでもあります。

そして次に、請車輅は迎輅ともいい、この車輅に乗じて本尊の浄土より行者が観想した心内の道場に来臨し給えと請うのであります。いうならば、深層意識の本殿から顕在意識の道場へ来臨を請うのであります。

次に、迎請《げいしょう》は召請《ちょうしょう》の異名で、迎請聖衆印ともいわれています。『密教大辞典』には、「古来広沢にはゲイショウと訓じ、醍醐にはコウジョウと読み慣わしたれども、現時は野沢通じて多分ゲイショウと訓ぜり」とあります。

そして、「本尊悲願を捨て給わずこの三摩地所成の浄土に赴きて、並びに無量倶胝《くてい》の聖衆功徳を証明し給う」と観想するように、本尊並びに無量の聖衆を三摩地所成《さんまじしょじょう》の浄土――すなわち、行者が心を一境に集中する観想によって生じた浄土、いうならば行者心内（顕在意識・想念）の浄土に迎えることであります。

三摩地とはすなわち定。心を一境に専住して妄念を離れること。或いは等持《とうじ》ともいい、行者が三摩地に住して観想を凝らせば智慧朗然として明となり、煩悩を断じてよく真理を証得するといわれています。

## ●降三世辟除―魔性を防ぐ智慧

### 馬頭明王の功徳について

小野流の『如意輪法』では、迎請《げいしょう》（召請《ちょうしょう》）に次いで四明《しみょう》・馬頭明王印と続くのですが、西院の十八道では降三世辟除《ごうざんぜびゃくじょ》となります。

四明は四摂《ししょう》ともいい、西院の十八道では後に出てきますので説明はその時に譲り、次の馬頭明王についてのみ軽く触れておきます。

馬頭明王は、一般には馬頭観音として知られています。八大明王の一つで、五部の忿怒身中では蓮華部の教令輪身《きょうりょうりんじん》とされ、馬頭明王の他に馬頭威怒《いぬ》王・馬頭金剛明王・大力持明王などと称され、観音部の断煩悩の徳を司るとされています。観自在菩薩の一変化身として頂上に馬頭を戴いている所から、馬頭観音と呼ばれています。

菩薩の中でも観音は衆生を思う慈悲心が深いのですが、その中でもこの観音の慈悲は殊に深く、飢えたる馬が草を食むに余念がないように、衆生の無明煩悩を噉食《だんじき》するに余念がないところから、煩悩浄化のために馬頭明王の印明を結誦するのであります。

### 降三世は三世の三毒を降す

さて、西院の十八道に戻って降三世辟除《ごうざんぜびゃくじょ》に話を進めますと、降三世明王は五大明王・八大明王の一で金剛摧破者という意味があります。

金剛界では自性輪は大日、正法輪は金剛薩埵、教令輪は降三世とし、降三世明王は金剛薩埵の所変で大日如来と同体とする説があり、また阿閦如来と同体とし、更に釈迦如来と同体とする説もあります。

『密教大辞典』に依れば、「『理趣経』第三段は序文の八大菩薩中の金剛手菩薩の法門であるが、説主を釈迦如来といい、金剛手菩薩となって降三世明王の印明を説くため、釈迦・金剛手及び降三世を同体とする」と解説されています。

降三世と名づける所以は、『大疏』（十）に三世とはいわゆる貪瞋痴三毒の世界であるが、この三毒を降すからであると説かれています。

形像は八臂・四臂・二臂像がありますが、多くは八臂像で三面、或いは四面があり、四面八臂像がよく知られているようであります。全身玄青色で、四面の場合は正面は青色、右面は黄色、左面は緑色、後面は紅色で、すべて忿怒の相であります。

そして、左右の第一手は胸の前で印契《いんげい》を結び、右の第二手は五鈷、次の手は箭《や》、下の手は剣。左の第二手は五鈷鈴、次の手は弓、下の手は索を執り、左の足で大自在天の頂を踏み、右の足ではその妃の烏摩《うま》の乳房の上を踏みつけ、遍身に火焔を纏っています。

この他にも様々な形像がありますが、この尊を降三世と名づける所以と、大自在天と烏摩妃を踏みつけている形像に関して、次のような由来があります。

すなわち、宋訳『大教王経』巻九その他によると、大日如来の説法に際して、摩醯首羅《まけいしゅら》（大自在天）は自らが三界の主となり、我に勝る者はないとして如来に従わなかった。そこで如来は降三世忿怒の身を現じて、大自在天とその妃の烏摩を踏みつけて調伏したというのでありますが、まことに他愛もないようなこの物語には、実は深い真理が象徴されているようであります。

## 智慧による煩悩の統御

摩醯首羅（大自在天）に象徴されているのは、貪瞋痴の三毒煩悩であります。色界究竟《しきかいくきょう》天《てん》の主とされ、三界を造り、三界に自在なる存在と自認するところから仏教では大自在天と名づけるのですが、摩醯首羅はもとインド教に於ける造物主であります。いわゆる煩悩の世界を造り出す存在ということでしょうが、この迷いの世界は衆生の三毒煩悩が造り出しているのであり、摩醯首羅とはすなわち三毒煩悩を象徴するものであります。

そして、仏教に於ける忿怒形は智慧の象徴ですから、三毒煩悩の象徴である大自在天とその妃を忿怒形の降三世明王が踏みつけているのは、三毒煩悩は智慧によってこれを統御せよということに他なりません。

同時にまた、この物語の背後には、インド教の神々が仏教の智慧によって折伏されていったことが暗示されてもいるのでありましょう。

次に辟除《びゃくじょ》ですが、普通には「びゃくじょ」と読まれますが、「へきじょ」と読む流派もあるそうであります。正式には辟除結界、或いは辟除結護といい、諸魔を除いて道場を結界することであります。

修法に際して本尊聖衆を召請するとき、眷属である諸天八部衆などが倶に道場に入ってきますが、大力の諸魔もまた諸天八部衆の眷属としてやって来ますので、それらの諸魔の侵入を防いだ後に、道場を結界するために降三世明王の印明を結誦するのであります。

八部衆といいますのは、『観音経』に「天・龍・夜叉・乾闥婆《げんだつば》・阿修羅・迦楼羅《かるら》・緊那《きんな》羅《ら》・摩候羅伽《まごらか》」というように出てきますが、『密教大辞典』には八部鬼衆として「劣悪なる鬼類なり」とあり、四天王に踏みつけられている邪鬼の類を挙げてあります。要するに次元の低い霊ではないかと思います。

それはさておき、辟除は、印を逆に左へ三転することによって諸魔はおのずから退散し、右に三転することによって結界して堅固の大界となります。なお、印明は尊によって不同ですが、諸部諸尊に通じては不動明王の印明を用います。多くの印がありますが、普通には根本独鈷印に火界呪、剣印に慈救呪を結誦します。

なお、両部の場合は、金剛界は降三世、胎蔵界は不動。五部の場合は仏部は不動、金剛部は降三世、宝部は軍荼利、蓮華部は馬頭または大威徳、羯磨部は金剛夜叉または烏枢瑟摩《うすしま》、或いは無能勝。三部では仏部は不動、金剛部は降三世、蓮華部は軍荼利と、いずれも恐ろしい忿怒形の明王による辟除が象徴しているのは、三毒煩悩を辟除するものは仏の智慧の働きであるということであります。

## ●金剛網―天魔を防ぐもの

### 慢心が誘う魔性

そして次に、金剛網であります。「この加持力に由るが故に上方に於いて覆うに金剛堅固の網を以てす。乃至他化自在《たけじざい》の諸天も障難すること能わず。行者身心安楽にして三摩地成就すること得易し」と観想します。

他化自在天は『理趣経』の説かれた場所ですが、第六天の魔王と呼ばれるものであります。また第六天は、欲界の最高にある天の中の更に最高頂天にあるところから有頂天《うちょうてん》とも呼ばれ、釈尊の菩提樹下に於ける成道に際して、成道を妨げるべく魔軍を率いて襲来した天魔というのがこれであります。

己《おのれ》より弱位の者の快楽を自在に奪い来たって、これをわが楽しみとするところから他化自在天と名づけられ、不如意なるものの何一つとしてないところから、己を一切自在主とする慢煩悩に住するものであります。

従って、行者内心の慢煩悩がこの天魔を誘引するのであり、天魔の襲来を避けるためには、先ず行者が慢心を去らなければならないのであり、行者をして慢心を去らしめるものは、本尊聖衆に対する敬虔な帰依の心に他なりません。

金剛網は、上方金剛網・金剛網上方界・虚空網・虚空結・天網・天結・金剛鈎欄などともいわれ、道場の上方を加持結界する作法であり、五種結界の一つであります。

虚空より来臨し給う本尊聖衆を妨げようとする天魔や、行者心内の慢煩悩を防ぐのでありますが、それは行者に慢煩悩がある限り本尊聖衆は道場に降臨されないということであると共に、虚空といい、道場というもすべてはわが心の中にあるということを教えているのでもあります。

すなわち、虚空とはわが心の奥の奥なる深層意識を意味し、道場とは行者心内（顕在意識）に観想せし道場に他ならないことを意味しているのであります。

## ●金剛火院―護身の智慧

次が、金剛火院であります。軍荼利明王五種結界の一つで、この印には金剛火院界印・金剛火院印・金剛火焔界印・金剛火焔印・火焔密縫印、その他数多くの異名があります。

これまでに金剛橛・金剛墻・金剛網で道場の上下四方を結界してきましたが、今度はその外側を火焔で包んで寸分の隙間もなく結界するのであり、そのために火焔密縫印、或いは密縫印などと呼ばれています。

火は、仏教では智慧の象徴であります。忿怒形の諸尊の多くが火焔のなかに住しており、それを火生三昧《かしょうざんまい》というのですが、火も忿怒形も共に智慧を象徴するものですから、金剛火院に秘められている真理とは、智慧こそがよく魔性を防ぐということであるに違いありません。

## 火焔よく城を護る

では、これらの修法に於ける作法は単に真理や教義の象徴に過ぎないかといえば、そうではなく、例えばこの金剛火院の作法によると思われる現象によって、城が護られた事実が伝えられているのであります。

話は戦国乱世のことであります。元亀元年（一五七〇）八月、九州併呑の野望に燃える豊後の大名大友義鎮（仏門に入って宗麟と号す）は、弟の八郎親貞を総大将に六万余騎の大軍を以て、佐賀城の西北三里余の今山に布陣せしめ、総攻撃を開始しようとしていました。

このとき、肥前の領主龍造寺隆信は軍勢の大半を動員して他に出兵中で、佐賀城の兵数は僅かな鍋島の手勢のみ、城の命運は当に水溜りの鮒さながらだったのであります。

佐賀城主鍋島信生《のぶなり》は熱心な稲荷信者でしたが、この危急に際して、佐賀城の周囲に火焔を張り巡らして守護するぞ、という稲荷大明神の霊告を受けたのですが、その夜、大友勢が遙かに佐賀城を望むと、佐賀城は猛火に包まれていました。

遂に敵せずと自ら火を放って城を脱したに違いないと勘違いした大友勢が、戦勝の前祝いに酔い潰れた八月二十日の払暁、鬼面を付けて異様な装束に身を固めた鍋島の決死隊が、大友の寝込みを襲ってこれを撃破したという記録が郷土史に残されています。

このとき、城を護った火焔はすなわち金剛火院であり、恐らく佐賀城では僧侶による修法が行われていたのではないかと思われるのであります。

余談ではありますが、このときの奇瑞に感じた鍋島は益々稲荷信仰を深め、佐賀県鹿島市には鎮西の日光と称される日本三大稲荷の一つである「祐徳稲荷神社」が今も祀られて人々の信仰を集めており、当時の決死隊の鬼面と異様な装束は、郷土芸能の「面浮立《めんふりゅう》」として今に伝えられています。

そして、面浮立として残されている鬼面と異様な装束もまた、稲荷大明神の霊告によって生まれたのではないかと、わたしは考えています。何故なら、この面浮立が現在は稲作と密接な関係の行事となっているからであります。

佐賀県の農村地帯では八月の末から九月初めにかけて、稲穂が稔り始めると共に台風の襲来が近づき始める頃、豊作を祈ってこの面浮立が行われるのですが、稲荷大明神は稲作の神であり、そして今山の奇襲が稲荷の守護によって成功したこととを考え合わせますと、面浮立に残されている鬼面異形は、単なる決死隊の装束だったのではなく、稲荷やその眷属たちの化身か、或いは稲荷の霊告によって生まれたものではないかと思われるのであります。

なお、因みに祐徳稲荷の地鹿島の人である興教大師もまた、生涯稲荷信仰をされたのであります。

## ●六種供養―六波羅蜜の修行

### 真の供養は菩薩行である

次に献閼伽《ごんあか》でありますが、閼伽について述べる前に、六種供養について触れておく必要があります。

六種供養については前著『密教法具に学ぶ』に詳述していますので、ここでは簡単に触れておきますが、六種供養とは閼伽《あか》・塗香・華鬘《けまん》・焼香・飲食《おんじき》・燈明の六種であり、これを本尊及び聖衆に供養するのであります。

この六種供養は、修法では二度行い、十八道念誦次第では正念誦・散念誦等を挟んで最初の供養を前供養（前供）、後の供養を後供養（後供）といいます。

そしてこれにまた、理供養（理供）と事供養（事供）とがあり、理供とは単に供養物の印明を結誦することをいい、事供とは実際に供具を供養することをいいます。

閼伽・塗香・華鬘等の一々についてはこれから触れてゆきますが、この六種供養で大事なことは、仏への供養は修行であるということであります。すなわち、六種供養はそのまま六波羅蜜の菩薩行であることを念頭に置くことが大事であります。

六波羅蜜とは、布施・持戒・忍辱・精進・禅定・智慧ですが、これはその一々を単独に論ずるものではなくして、ここで最も大事なことは、先ず最初に布施があり、最後に智慧があるということですが、ここに教えられているのは、上求菩提《じょうぐぼだい》と下化衆生《げけしゅじょう》、すなわち修行と教化（救済）であります。

すなわち、修行とは究極に於いて悟りの智慧を求めて精進することですが、布施・持戒等の五波羅蜜によって悟りの智慧を得るというのは、要するに上求菩提（修行）を意味しているのであります。

そして最初に布施があって、智慧が最後に並べてあるのは下化衆生（衆生救済）を意味しているのであります。すなわち、ここに秘められているのは、布施とは衆生への奉仕であり慈悲行でありますが、慈悲行となって現実に展開されるものこそがまことの智慧であるということであります。

真の智慧というものは、この世に展開する時は慈悲となって現れます。従って慈悲なき者は智慧なき者ということになります。

『大日経疏』には、六種供養をあの有名な三句の法門に当て嵌めてあります。すなわち、閼伽・塗香は仏性三摩耶戒で「菩提心を因と為す」の句に当たり、華鬘・焼香は万行の徳で「大悲を根と為す」の句、そして飲食・燈明は「方便を究竟と為す」の句に当たるとされていますが、六種供養を六波羅蜜や『大日経』の三句の法門に当て嵌めて説かれるのは、修法に於ける六種供養を単なる所作事で終わらせることなく、そこに秘められている供養即修行、智慧即慈悲、上求菩提即下化衆生等の真理を体得せよということであると知った上で、六種供養の一々について考えてゆきたいのであります。

## ●閼伽―供養によって心を洗う

### 樒は煩悩即菩提を象徴する

最初に献閼伽《ごんあか》であります。『密教大辞典』には、「遏伽・阿伽・遏羅伽等に作る。客人歓待のために捧ぐる水を謂う。印度にては客を招待せば必ず水を出して洗足せしめ、また供養の後には漱口の水を出すを習慣とす。密教にこの習俗に準じた閼伽水を献ず。総じて仏教には仏に献ずる香水《こうずい》を特に閼伽・閼伽水又は閼伽香水という」と解説されています。そして前供の閼伽を洗足の水、後供の閼伽を漱口の水になぞらえています。

密教の閼伽水は、閼伽井から汲んだ水に香を煮沸したものを加え、これに妙花を浮かべるものですが、単に香末を加えたもの、或いは香を入れない水も閼伽水といい、また香花を入れて供えるために香花水ともいいます。

ここで一言付記しておきたいのは、この閼伽を始め塗香・華鬘には、修法に際しては妙花に代えて樒の葉を用いるのですが、これは樒がインドの青蓮華に似ているからであると『密教大辞典』には解説されていますが、勿論それもあるかも知れませんが、わたしはむしろ煩悩即菩提の要諦を象徴するものではないかと考えているのであります。

何故なら、樒には強い毒性があるからであります。曽て、仏前に供するために剪った樒の枝の束を一夜池に漬けておいたところ、翌朝池の鯉が全滅していた経験があります。それから察しても、樒には強い毒性があることが判ります。

人間の煩悩もまた三毒煩悩といって、毒に譬えられます。仏は人間の煩悩を以て衆生救済の作用に昇華されるのであるという煩悩即菩提の真理が、樒を六器に供えることに象徴されているのではないかと思うのであります。

## 雲海の供養を流出する

閼伽とは本来価値あるという意味の梵語を翻訳したものだといわれていますが、その意味は一定せず、水或いは功徳や功徳水、更には円満、無濁なども訳されています。

密教では修法に際して必ず本尊に閼伽を献ずるのですが、その作法は法流によって些かの差違があります。然し共通する根本理念は閼伽を献ずるとき、行者は平等性智《びょうどうしょうち》の定に入って閼伽印を結んで閼伽器を捧げ、小三鈷印を以て軍荼利呪《ぐんだりじゅ》を誦して加持し、伽陀《かだ》（諷頌・偈頌）を誦し、水滴を三度垂らして本尊聖衆の身を澡浴し、本性清浄の智水を以て行者自身の三業を清浄ならしめ、一切煩悩の罪垢を洗除すると共に、一切如来甘露法水の灌頂を授け給うと観想するのであります。

そして、この観想が教えているのは、仏への供養がそのまま自らの三業を浄める修行であるという、供養即修行の真理に他ならないのであります。

閼伽器を捧げるときの閼伽印は法流によって一定せず、仏部三昧耶印・宝珠印・鉢印・三鈷印・八葉印等の種類があり、印相のそれぞれに深い教義が秘められているのですが、今は煩雑を避けて、西院流十八道念誦次第に用いられている宝珠印についてのみ触れておきます。

印相については説明を省略しますが、この印を結ぶ所以は、宝珠より万宝を雨《ふ》らして諸仏に献ずることを意味しています。すなわち、この宝珠印の加持によって一滴の閼伽より雲海の供養を流出すと観想するのであります。

では、何故に宝珠印を用いるかといえば、宝珠とはすなわち摩尼宝珠ですが、摩尼宝珠は真言宗の本尊であると同時に、意に従って万宝を雨降らして現世を現出し、潤すものだからでしょう。すなわち、印明によって雲海の功徳を流出する加持力を摩尼宝珠に象徴しているのであります。

他の印については割愛しますが、これらの諸印の多くは閼伽器のない場合の理供養に際して用いられるものですが、勿論事供養にも用いられます。但し、閼伽器がない場合は印中にバン字を観じ、閼伽器に水がないときは、閼伽器の中にバン字を観じて作法を行います。

### ●華座—清浄不染の仏座

献閼伽に続いて華座《けざ》の印明を結誦します。華座は蓮華座の略称であり、仏の台座を意味しているのであります。

蓮華座の由来は極めて古く、その起源はエジプトに発するものであって、仏教特有のものではないとの説もありますが、仏教で蓮華を仏・菩薩の台座とするのは、蓮華の清浄不染の徳のため——すなわち、泥水に育ちながら泥水に汚れることなく美しい花を咲かせる蓮華が、仏教の煩悩即菩提の妙諦を象徴しているからでありましょう。

『大日経』秘密曼荼羅品、その他の経軌によれば、諸仏は開敷《かいふ》蓮華、菩薩は半開敷蓮華で、色は白色または黄色、明王は六葉蓮、縁覚・声聞は四葉蓮または荷葉《かよう》（荷とは蓮のこと）、諸天は荷葉に座すなどと難しい解説があるのですが、修法にいう華座とは蓮華座を表す印明を意味しているのであり、不壊《ふえ》金剛座・金剛蓮華座・吉祥蓮華座・如来座などともいわれています。

修法に際して迎請《げいしょう》等によって本尊聖衆を道場にお迎えし、献閼伽によって仏足を濯ぎ、着座して頂くために、この印明によって華座を献ずるのであります。

そして、この印明を結誦するときには、この印より無量の金剛蓮華を流出して、一切の聖衆がこの蓮華座に着座し給うと観想するとともに、蓮華座を献ずる行者自らが我即本尊の三昧に入って蓮華座に座すのであります。

印契は本尊によって異なり、開敷蓮華印（蓮華部三昧耶印）は諸仏、未敷《みぶ》蓮華印（半開蓮華印）は菩薩、六葉印は明王、荷葉座印は諸天及び声聞・縁覚となっていますが、普通には八葉印が用いられます。

他の修法には本尊や諸尊を迎えるに際して、その土を浄める「浄地《じょうじ》」という作法がありますが、華座に秘められている真理は、本尊聖衆をわが心内に迎えるために、その台座たるおのが心（意識・想念）を浄めることであります。

## ●四摂―本尊を己身に迎える

三本尊を身内で一体とする

次に四摂《ししょう》でありますが、これは四明《しみょう》ともいわれ、広沢方では多く四摂、小野方では四明が多く用いられるようであります。

四摂と名づけるのは、その功能によるのであります。すなわち、本尊を行者の身内に摂する——すなわち入れるからであり、四明というのは四種の真言（明）によるからであります。

普通四摂という場合は、布施・愛語・利行・同時の四法を指し、ともに菩薩大悲利他の行徳によって衆生を教化する方便を意味するのですが、修法にいう四摂は四摂菩薩の印明を指しているのであります。

四摂菩薩とは金剛界曼荼羅三十七尊中の四門の四菩薩——すなわち、金剛鉤《こう》・金剛索《さく》・金剛鎖《さ》・金剛鈴（鉤索鎖鈴《こうさくされい》と略称する）の四菩薩で、この菩薩の徳を表すのが四明で、この四徳はまた菩薩の化他の徳たる布施・愛語・利行・同時の四徳に当たります。

修法では、既に招請している本尊を道場観所観の本尊と、壇上に安置する鋳造繪木の本尊とを行者身内に於いて一体とならしめるために、この印明を結誦するのであります。

真言の弱吽鑁斛（ジャク・ウン・バン・コク）は、弱は鉤召、吽は索引、鑁は鎖縛、斛は歓喜を意味します。すなわち鉤召し、索引し、鎖縛して去らしめず、鈴の音によって歓喜せしめるという意味であり、次の振鈴へと続くのであります。

## ●振鈴──金剛薩埵の説法

### 仏の三身を一身に顕現する

次に振鈴であります。振鈴には、驚覚・歓喜・説法の三種の意義と効用があるとされているのであります。

驚覚は、普通には定に入っている本尊聖衆を呼び覚すという意味に解されていますが、呼び覚す本尊とは行者本有の本尊（すなわち仏性）であり、それは行者の菩提心を呼び覚すことに他ならないのであります。

次の歓喜はこれもまた、供養によって単に本尊を歓喜せしめるだけではなく、行者自身も発菩提心によって本尊と一体となる喜びを感じるのであります。

そして説法とは、振鈴が法身如来の説法を象徴すると同時に、行者もまた金剛薩埵の威儀に住して衆生界に対して説法するのであります。

供養法の修法では、本尊聖衆を請じた後に行う振鈴は、奏楽を供養して本尊聖衆を喜ばせることですが、一座の修法に二度の振鈴を行うときは、最初の振鈴は驚覚で、後鈴は歓喜の意であるとされています。

そしてこれは、賓客を饗応するときに、来客が着座したら先ず音楽を奏して喜ばせるインドの風習を取り入れたものであるとされていますが、わたしはむしろ逆で、世間の風習の法が仏教を手本にしたのではないかと考えています。何故なら、出世間法たる仏教が世間を真似る筈がないからであります。

それは兎も角、密教的にはそのような浅薄な解釈に終始するのではなく、この振鈴には実に深い真言密教の教理が象徴されているのであります。

すなわち修法に於いては、振鈴の前に四摂（四明）によって、行者が意識・想念に観想した本尊と壇上の鋳造繪木の本尊、そして行者自身本有の深層意識の本尊とが一体となるため、本尊が席に着き給えば行者も金剛不壊の座に坐して正覚を成じ、妙観察智《みょうかんざっち》の三昧に住して、衆生界に向かって説法することを象徴しているのが振鈴であります。

妙観察智とは大日如来を中心とする五仏・五智の一つ西方阿弥陀仏の智慧で、説法断疑の徳があるところから転法輪智とも名づけられますが、よく衆生の機類を観察して説法し疑惑を断除するところから妙観察智と名づけられたものであります。

四摂によって、法身たる本有の本尊と報身たる行者観想の本尊と、応身たる鋳造繪木の本尊という法・報・応の仏の三身が、行者の一身に顕現するのであります。

従って、振鈴は法身如来の人語を超えた説法であり、このとき行者は金剛薩埵の威儀に住して、金剛界三十七尊自証の三昧耶智を円満するのであります。

三昧耶は平等・本誓・除障・驚覚の義があり、平等とは如来が衆生の三業と如来の三密とがその本性は平等であるとして、衆生を加持してその徳を如来と等しからしめることであり、本誓とは如来が衆生をして無上菩提を得さしめるべく大誓願を起こすことであり、除障とは如来が方便を以て衆生の煩悩蓋障を除くこと、驚覚とは迷中の衆生の菩提心を呼び覚すことであります。

## 梵音とは人語を超えた説法

今わたしは、振鈴は法身如来の人語を超えた説法であるといいましたが、梵鐘を始め磬磬《きんけい》等の梵音はすべて如来の金口《きんく》、すなわち人語を超えた仏の説法なのであります。

『平家物語』冒頭の「祇園精舎の鐘の声諸行無常の響きあり、沙羅双樹の花の色盛者《じょうしゃ》必衰の理《ことわり》を表す」は余りにも有名な言葉であります。

祇園精舎は釈尊在世時直弟子たちが修行したインドの寺で、その無常院に八つの鐘があって、病僧の命終に際してこの鐘が撞き鳴らされたと伝えられています。その理由は、寺院に於ける鳴鐘は、その声地獄・餓鬼・畜生の三悪道に徹して冥衆の苦を除き、人の臨終に際して鐘磬《しょうけい》を鳴らせばよく善心を生ぜしめると『倶舎論』は説き、『智者大師別伝』には「人命将《まさ》に終わらんとするとき、鐘磬を聞かば其の正念を増さん」と、鳴鐘の功徳が説かれています。

僧が読経の要所要所で鏧磬《きんけい》を鳴らすのは、決して眠気覚ましではありません。鏧磬など読経や法要に用いられる音を出す楽器は梵音具《ぼんのんぐ》といわれますが、梵音とは仏の声ということであります。

そして、読経の要所要所に鏧磬を鳴らすということは、読経は決して人間のみが聞いているのではないということに他ならないのであります。振鈴もまた同じであります。

## 振鈴の作法に秘める教義

振鈴の作法には、実に様々な教義が秘められているのであります。

すなわち、五鈷鈴を用いるのは「五智の法音を以て五蔵の般若を説き、長眠の衆生を驚かす義なり」と『密教大辞典』には解説されています。

「五智の法音」とは、大日如来の法界体性智《ほうかいたいしょうち》を始め、大圓鏡智《だいえんきょうち》や平等性智《びょうどうしょうち》・妙観察《みょうかんざっ》智《ち》・成所作智《じょうそさち》による説法を意味し、「五蔵の般若」とは、弘法大師の『般若心経秘鍵』に「五蔵の般若は一句に含んで飽かず」とありますが、『六波羅蜜経』に一切の正法を素担纜《そたらん》・毘奈耶《びなや》・阿毘達磨《あびだつま》・般若波羅蜜多・陀羅尼門の五種に分類したもので、これを弘法大師は前の四種を顕教諸教に、最後の陀羅尼門を秘密教とされているのであります。

そして、これを順に乳・酪・生蘇・熟蘇・醍醐の五味に譬え、陀羅尼は諸法中の最勝の法でよく重罪を除き、生死を解脱せしめ、速やかに涅槃安楽の法身を体得せしむると説かれているのであります。

また、右手に執る五鈷杵は衆生を表し、左手の五鈷鈴は五仏の説法を象徴しています。すなわち、五鈷鈴の五鈷は五仏の五智、五鈷杵の五鈷は衆生の五欲煩悩を表し、振鈴は説法を意味し、この説法によって、説法する仏と聴聞する衆生とが加持感応することを表しているのであります。

すなわち、鈴を取るに、五鈷杵と共に取るのは仏凡一如、凡聖不二《ぼんじょうふに》、煩悩即菩提、入我我入を象徴しているのであります。

更にまた、法流による多少の差違はありますが、五鈷杵を心前《むね》で前向きに持つのは、衆生が本来具有するところの五智を開示するという意味で、五鈷杵を縦ならず横ならずに斜めに持つのは、横は平等を意味し、縦は三世を意味して、三世一切衆生の五智を開示することを象徴しています。いわゆる如来の常恒三世《じょうごうさんぜ》の説法を象徴しているのであります。

また、振鈴に先立って「ウン」字を唱えて五鈷杵を三度抽擲するのは速疾頓証を意味しているのですが、「ウン」字は金剛薩埵の種字ですから、抽擲は金剛薩埵が一切衆生の心奥の仏性を覚醒せしめて、本有五智の覚性があることを知らされることを象徴し、空中に投ずるのは、『大日経』にも「この身を捨てずして神境通を逮得《たいとく》し、大空位に遊歩《ゆぶ》して、しかも身秘密を現ず」とありますが、密宗の初地以上は大空法界に入る義を表すとされているのであります。

## わが心奥こそが如来の本宮

そして、左手に鈴、右手に五鈷杵を持つのは金剛薩埵の三昧に住することを意味し、左手に鈴を持つのは適悦歓喜を表し、五鈷を逆順に旋転するのは一切衆生の煩悩魔障を防ぐための結界に他ならないのであります。すなわち逆転は魔性を払い、順転は結界を作ります。

そして更に、振鈴に際して左の耳に当てて五度振るのは、左は衆生界を表し、五度は五道（すなわち地獄・餓鬼・畜生・修羅・天の五道）流転の衆生を驚覚すると共に五蔵の般若を説法することを意味し、次に心（胸）の前で三度振るのは三解脱門を象徴しています。

三解脱門とは三空解脱門ともいい、文殊菩薩内証の法門で、空・無相・無願をいいます。解脱とは涅槃を意味し、この三種の教えはよく涅槃解脱への門となるために三解脱門と名づけるのであります。

そして、空解脱門とは、一切諸法は本来無自性空なりと観ずること、すなわち一切所縁の空を観じ、無相解脱門とは所縁の空のみならず、能空の空相もまた空なりと感ずることをいい、無願解脱門とは、諸法は空有共に空なるものであるから、上は仏果、下は三界の果を願う心を起こさないことをいうのであり、これに光明の一門を加えて、文殊の四智とするのであります。

次に額で二度振るのは、額は体の中の最上位であるため、金胎両部理智法身究竟円満の義を表すと共に、理智の二身が自受法楽の説法をすることを表しているのであります。

以上、五・三・二の三カ所の振鈴は順次に応身・報身・法身の三身説法を意味し、次に振り終わった鈴を左の腰に按ずるのは、説法を終わって阿字本不生の理に帰る意味であり、右の五鈷杵を順逆に旋転するのは、一切衆生が三身の説法を聞いて煩悩の魔障を防ぐ結界をすることを意味しているのであります。

そして最後に、鈴と五鈷杵を金剛盤上に返すのは、衆生教化を終えて法界宮に還帰することを意味しています。すなわち、金剛盤は法界の円壇を象徴しているのですが、金剛盤が心の形をしているのは、わが心奥こそが如来の本宮であることを象徴しているのであります。

## 仏は衆生の苦悩と共に在る

また、鈴を取ったり置いたりするときには鳴らないようにしなければならないとか、その他にも様々な口伝《くでん》があり、修法に際して鈴がないときには、印契《いんげい》をこれに代えますが、印相についてはは触れないでおきます。

更にまた、天部の供養法には振鈴を用いませんが、その理由は『密教大辞典』の解説によりますと、諸仏は常に定に住し給うので驚覚のために振鈴を用いますが、諸天は定に入っていないのでその必要はありません。振鈴は説法を象徴するものですから、説法される諸仏には用いますが、説法することのない諸天には用いないのであり、また、振鈴は法身説法の象徴であり、法身説法の座には実類の天等は列なることが出来ないために振鈴を用いないのであるとされていますが、わたしは些か疑問に思うものであります。

何故なら、『維摩経』は「衆生病む故に菩薩病む」という、いわゆる「菩薩の応病」を説いていますが、衆生の苦悩無尽の現世を無視して、仏が定などに入って居られる筈はないのであり、このような解説は教義上の遊戯としか受けとれないのであります。仏は常に衆生の苦悩と共にこそ居給うのでなければならないのであります。

そして、その事を雄弁に物語っているのが、真言宗の根本的教義ともいうべき四方四仏の思想でありましょう。すなわち「本来東西無し、悟れば十方空」という言葉がありますように、方角は人間の迷いを象徴するものですから、四方に四仏が居給うということは、取りも直さず、仏は衆生の迷い——すなわち、苦悩と共にこそ居給うということに他なりません。

余談になりましたが、振鈴の真言は五鈷鈴を振ることによって自身鈴菩薩となって、本尊を歓喜せしむるという意味だそうであります。

## ●塗香―懺悔の誠を供養する

振鈴に続いて献壇具《ごんだんぐ》であります。これは献閼伽《ごんあか》に続く六種供養で、塗香《ずこう》から始めます。

塗香が持戒による浄身の功徳を意味することは、本書の冒頭近くで既に述べましたが、六種供養に於ける塗香もまた同じであります。

行者は印明を以て塗香の作法をするとき、印より塗香が流出して普く十方三世の聖衆に供養すると共に、例え行者戒に違犯する罪垢によって戒体汚染すと雖も、この印明によって行者の身体清浄になると観想すべきであります。

普通閼伽・塗香・華鬘《けまん》の六器には樒の葉か時華《じけ》を盛りますが、塗香器には塗香を加えて供えるのが本義とされているそうであります。

## ●華鬘―供養による身の荘厳

華鬘《けまん》についても前著『密教法具に学ぶ』に詳述していますが、華鬘は糸で華を繋いだもので仏像や道場の装飾品であります。金剛界内四供中の金剛鬘《まん》菩薩、二十天中の華鬘毘那耶伽《けまんびなやか》、胎蔵界五供養中の華鬘菩薩等の三昧耶形《さんまやぎょう》であります。

修法の六種供養に於ける華鬘は、花の飾りを本尊聖衆に供養することですが、『金輪時処軌』には花を本尊に供養する功徳として三十二相を得ることが出来ると説かれ、『阿閦軌』には「久しからずして染着を離るること蓮華の如くなるを得」と説かれています。

三十二相は「三十二相八十種好《しゅこう》」といわれ、八十種好とともに仏の身体に備わる三十二の徳相であります。

三十二相の「相」と八十種好の「好」との違いは、「相」は人相や手相などにも用いられているように、これを衆生が見ることが出来ると共に仏以外にもこれの備わる人がありますが、「好」は衆生がこれを見ることが出来ないのみか、仏以外にはこれを備える人はいないのであります。

では、花を仏に供養する功徳によって三十二相を得るということは、取りも直さず身体の荘厳を得るということであり、判り易くいうならば美しく気品ある人相・身体を得るということであります。

六種供養の華鬘器には時華を盛り、時華がないときは樒の葉を代用するといわれていますが、修法に於いては殆どが樒の葉であります。経軌によれば、降伏法には悪臭を放ち、或いは棘を持つ毒花を用い、その他の修法では好妙・清浄・新鮮な華を供えるとあります。

また、密教では本書冒頭の修法の種別で触れましたように、修法の種類と本尊の部類とによって、これに相応しい色彩が説かれているのですが、華鬘器に盛るとき華もまた、その修法と本尊の部類に相応しい色の華を用いるのを最適とするのであります。

すなわち、仏部の本尊には白花、蓮華部には水生花、金剛部には優波羅華《うばらけ》（睡蓮）を用います。また『大疏』（七）には、白花は如来部・円壇・諸仏・息災法に相応しく、黄花は蓮華部・方壇・諸菩薩・増益《そうやく》法に相応しく、赤花は金剛部・三角壇・諸世天に相応しいと説かれているそうであります。

また、華鬘の作法では、東密では三度投花する（樒の場合は三枚を投ずる）のですが、これは三部の諸尊に供養するという意味であります。

## ●焼香―遍至法界の功徳

次に焼香であります。香料を燻じて仏に供養するもので、修法に於いては六器の中央に置かれている火舎と呼ばれる香炉に香を燻ずることですが、燻ずる香じたいも焼香と呼ばれています。

焼香には固めて固形化した丸香と粉末のままの抹香とがあり、抹香には香料の合わせ方によって三味香・五種香・七種香などの区別があり、更にまた、経軌には修法の種類に応じた香料を説き、『尊勝軌』には息災法には沈水香、増益法には白檀香、降伏法には安悉香（安息香）、敬愛法には蘇合香を燻ずることが説かれています。

『大疏』（八）には、焼香の功徳を「遍至法界の功徳」と説かれています。すなわち、焼香の香煙と香りが道場内に広がり満ちるように、修法の功徳を遍く法界に周遍せしめて雲海の聖衆に供養するのであります。

また諸経軌には、修法中六種供養の一つである焼香の他に二度乃至五度、或いは随時の焼香が説かれていますが、焼香の順序は次の通りであります。

二度焼香の場合は正念誦と後供養のとき、三度の場合は着座後・正念誦・後供養、四度の場合は着座後・道場観・正念誦・後供養の前、五度の時は前記四度と現智心の前ですが、これは金剛界大法立の行法に用いられるものであります。

## ●飲食—身心と智慧を育てる

次は、文字通り本尊聖衆に供養する飲食《おんじき》であります。普通には飯《ぼん》・汁《じゅう》・餅《べい》・果《か》の四種とされていますが、その他にも様々なものが経軌には掲げられています。

また、飯・汁・餅・果についても様々な難しいことが説かれていますが、今は煩雑を避けて、飲食供養の意義についてのみ触れておきたいと思います。

六種供養を六波羅蜜に配するときは、飲食は禅波羅蜜に相当しますが、これは飲食が身心を育てるように、禅定もまた人の身心と共に智慧を育てるからであり、このために『大疏』(九)には飲食を「禅悦食《ぜんえつじき》」と称することが説かれているのであります。

### 加持により無量の食となる

そして、飲食の印明を結誦するときには、印より無量の飲食が流出して虚空法界に遍満し、微塵刹土《みじんせつど》の一々の聖衆に対して無量広大の供養を成就すると、印明の功徳が説かれていますが、同じ功徳は施餓鬼法にもあります。

施餓鬼は、自らが食するものの極く少量を割いて、これを印明を以て加持して餓鬼衆に施すのですが、印明の功徳によって、この供物が無量広大の飲食となって餓鬼衆の飢餓を癒すのであります。

ただ、ここで特に留意すべきは、自らの食の一分を割いたのであれば、自らは決して満腹してはならないということであります。あと一口欲しいと思うところ、すなわち、腹八分目で止めてこそ、本当に自らの食い扶持を割いたことになるのであります。決して有り余るものを施すのではないことを肝に銘じておく必要があります。

そして、自らの食の僅かを割くに過ぎない施餓鬼法の功徳の偉大さが、次のように説かれています。

「もし比丘比丘尼等この法を修すれば、便《すなわ》ちよく無量の福徳を具足し、百千万億の如来に供養するに等しく、寿命を延長し色力（体力）を増益し、悪鬼羅刹等に侵害せらるることなし」と。

そして、キリストの『聖書』にも、一欠片《かけら》のパンで大衆に満腹感を与えたキリストの奇跡が記されています。

要するに、仏への飲食供養の功徳は、行者自身の身心と智慧を養うことになるのであります。

## ●燈明―智慧増長するもの

### 智慧は光のかたちである

献壇具《ごんだんぐ》――すなわち、六種供養の最後が燈明であります。そして、これを六波羅蜜に配するときは智慧に相当するのであります。

燈明に象徴されているのは勿論光明であり、智慧であります。光が千古の闇と雖も一瞬にして照らし出して、ものの真実相を映し出すように、仏の智慧も無始以来の衆生の無明（迷妄）を破って、真理を照らし出します。

仏とは何かといいますと、わたしは智慧であり、光であると考えています。そして、光は生命でもあります。だから、わたしたちは生きることを「消光」といいます。「日々恙《つつが》なく消光しています」という表現がありますが、生きるとは与えられた光を日々消してゆくことであるというのであります。

浄土真宗では、本尊阿弥陀如来の両側に「南無不可思議光如来」と「帰命儘十方無碍光如来」のお軸を祀りますが、阿弥陀如来は日本語では無量寿如来と訳されます。無量寿とはすなわち量り知れない生命であり、生命が光であると共に、光が智慧の象徴でもあることを意味しているのであります。

従って、親鸞聖人撰の『一念多念證文』には「この如来を南無不可思議光ともうすなり。すなわち阿弥陀仏なり。この如来は光明なり。光明は智慧なり、智慧はひかりのかたちなり」とあります。

## 舟形光背が象徴するもの

如来はすべて光背を背負っておられますが、光背の光は生命と同時に智慧の光をも象徴しています。更に「舟形光背《ふながたこうはい》」といわれますように、光が舟の形をしているのは、生命が海から来生することと同時に、「生死《しょうじ》の苦海」を渡す如来の慈悲の働きを意味しているのであり、舟形光背に象徴されていますのは、智慧が慈悲となって作用する如来の衆生済度の働きであります。

仏には本来明暗はありませんが、その仏に燈明を献ずるのは決して仏のためではなく、わが身の功徳のためであります。

生命と智慧の象徴である燈明を献ずる功徳は、行者自らの智慧を増長するとともに生命を荘厳することであり、同時に衆生の生命を美しく荘厳することでなければなりません。

わたしは先に、「六種供養を六波羅蜜に配すれば」といいましたが、六種供養で最も大事なことは、行者の菩薩としての修行こそが仏への最大の供養であるということであります。すなわち、六種供養を菩薩の修行である六波羅蜜に配すれば、閼伽は布施、塗香は持戒、華鬘は忍辱、焼香は精進、飲食は禅定、燈明は智慧ですが、これらはすべて仏の完備し給うものであります。閼伽も塗香も華鬘も決して仏の欲し給うものではなく、仏が欲し給うのは行者の修行なのであります。修行こそが仏への真の六種供養であることを知らなければなりません。そして、六種供養は同時に六道輪廻の生命の修行をも意味しているのであります。

## ●四智讃―大日如来を讃える

献壇具（六種供養）に次いで四智讃《しちさん》を誦します。四智讃とは四方四仏の大圓鏡智《だいえんきょうち》・平等性智《びょうどうしょうち》・妙観察智《みょうかんざっち》・成所作智《じょうそさち》の四智を讃歎する偈頌《げしょう》で、この四智が円満すればすなわち大日如来の法界体性智ですので、この四智を挙げて大日如来を讃歎するのであります。

讃には梵讃《ぼんさん》と漢頌《かんしょう》があり、四智梵語・四智漢語といいます。また讃には総別があり、四智讃は総讃であるため、広く諸仏・菩薩・明王・天部に通用し、これらの諸尊すべてが大日如来の所変であるところから、総徳の讃を以て諸尊に通用させるのであります。

そして修法の時には、事供の後にこの讃を誦じて本尊の総徳を讃歎し、愛護を乞うた後に諸尊別徳の讃を誦します。なお印契は広沢では金剛合掌を用い、小野は金剛界伝授以後は四智各別の印を用いるといわれています。

また、付言しますと、法会の場合はこれに曲を付して唱え、奠供《てんぐ》・前讃《ぜんさん》には梵語、後讃《ごさん》には漢語を用い、庭儀・堂上の灌頂や曼荼羅供には、庭上または縁上で梵讃を唱えることになっているのであります。

そして次に、普供養・三力祈願・礼仏・本尊加持と続き正念誦へと至るのであります。

## ●普供養―二利を成就するもの

### 一切を供養するもの

普供養《ふくよう》は、普供養加持・普供養一切聖衆・広大不空摩尼供養・摩尼供養とも名づけられています。普供養というその名の如く、普く一切に供養するという意味であります。

この印明による加持力によって、修法に於ける供養の作法の悉くが真実の供養となって、摩尼宝珠が宝を雨降らすように無量無辺微塵数《みじんずう》広大の供養を流出して、遍く法界道場一切の聖衆に供養して衆生を救済すると同時に、行者もまた無量の福寿を得て二利の行願を成就するといわれています。

普供養の真言には、不空・供養・宝珠・金剛・如来・普遍・能満願等の意味があり、胎蔵曼荼羅観音院の如意輪菩薩の伴尊たる宝供養の真言であり、胎蔵では最初のオン字を種子とします。これは一切供養の徳を司る虚空庫菩薩の種子であり、また金剛界では最後のウン字を種子としますが、これは浄菩提心如意宝珠で能満諸願を表すものであります。

虚空庫菩薩は、虚空の如き平等心の庫に蔵せる功徳の財《たから》を自在に出して衆生に施す故にこの名があります。また『理趣経』では、聴衆である八十倶胝《くてい》の菩薩の八大代表の一人ですが、『理趣釈』には「一切如来種々供養蔵広大儀式如来」といわれています。

阿字は胎蔵、吽字は金剛界を象徴します。そして「阿」は発声の始まりであり、「吽」は発声の終りを表しますが、森羅万象は悉く如来の説法であるとする説に従えば、言葉はすなわち一切諸法を意味し、一切諸法の始終は悉くこの二字に極まるのであり、従って、この普供養の真言を誦すれば一切諸法を供養することになるのであります。

## 金剛合掌は諸印の母である

また、この真言には五部五智の功徳が円満具足しているといわれ、功徳甚だ深広であるとされています。

更にまた、行者は虚空庫菩薩の三昧に住してこの法を行じ、印相は二種あります。一つは金剛合掌で、これは虚空庫菩薩の印でもあり、如意宝珠の印でもあります。十指の端を交えるのは宝珠より発する光明を表しています。

もう一つは普通供養印といわれるもので、金剛合掌して二頭指を宝形にして二大指を並べ立てたもので、これを宝珠印または虚空蔵印等とも名づけられています。

金剛合掌は浄菩提心を表すとともに虚空庫菩薩の印であるところから、一切の供養はすべてこの菩薩の作用であり、金剛合掌を以て印母とするといわれているのであります。

人差し指は進力《しんりき》とも名づけられますが、この進力を以て宝形を作るのは大精進如意宝珠を象徴し、他の三指を交えるのは宝珠の光明を表し、大指を並べ立てるのは宝幢を表し、諸仏を供養するとともに衆生の願を満足せしめ、広大なる供養が虚空界に遍満して自在に施すことを表しています。なお、この他にも種々の教義がこの印相には象徴されているのであります。

## ●三力祈願—加持の真髄

三力とは、行者の功徳力と如来の加持力と法界力を指します。

初めの以我《いが》功徳力《くどくりき》とは行者が修するところの三密妙行の善根功徳力、次に如来加持力とは如来が行者に加えられる大悲護念の力、そして最後の法界力とは法性平等の力をいいます。この三力が合致するときに、行者が本来有するところの仏性が開顕されて成仏することを得ると共に、衆生に善根功徳を及ぼして、加持の真髄を発揮することを得ると説かれています。

なお、三力祈願に誦する三力偈は『大日経』（七）の供養儀式品及び『胎蔵四部儀軌』等にあります。

## ●礼仏―曼荼羅の諸仏を礼拝する

次に礼仏《らいぶつ》ですが、曼荼羅海会《かいえ》の諸仏を礼拝するものであります。毘盧遮那仏を初め四方四仏・四菩薩等金胎両部の一切諸仏菩薩の名号を称えて敬礼するために、礼仏名号ともいわれています。

小野・広沢によって諸仏の名号が異なり、小野は梵号、広沢は漢名を用いるなど、法流による幾つかの違いがあるようであります。（小野流の「如意輪法」では、この礼仏に続いて入我我入観・本尊根本印・心真言・心中心真言と続くようですが、西院の十八道では本尊加持であります）

## ●本尊加持―本尊の三密に合致する

本尊加持とは、本尊の印明を以て行者自らを加持し、行者の三業が本尊の三密と同じであると決定する作法であります。金剛界法では羯磨会《かつまえ》大日如来の印言を用いるために本尊羯磨《かつま》加持、或いは単に羯磨加持ともいわれています。

行者の身の四処、または五処を加持します。四処加持は四智成就を意味し、四智成就すればすなわち法界体性智ですから、五智成就を意味するのであり、五処加持はもちろん五智成就を意味しているのであります。

また、一座の修法中に三度或いは四度これを修するのですが、三度の場合は入我我入観・正念誦・字輪観の後に修して行者の三業を本尊の三密に融合せしめ、また三部の諸尊とも融合せしめるのであり、四度の場合は更に入我我入観の前にこれを修するのであります。

この本尊加持は総じて、本尊の身・口・意の三密を以て行者の三業を加持するものですが、広沢は概して三度、小野は四度を用いるようであります。西院の十八道では前供養に続く礼仏の後と、正念誦の後の二度これを行うようであります。

## ●正念誦―語密による成仏

加持念珠、浄珠明・旋転明

正念誦《しょうねんじゅ》は、俗な表現をすれば、一座修法中の最高山場ともいうべき大事な作法でありま す。勿論、修法に於ける作法は総てが深秘なる教理を象徴するもので、疎《おろそ》かにしていいもの はないのですが、その中にあっても殊の外大事にされるものであります。

その正念誦の前方便として念珠を加持するのが、加持念珠、浄珠明《じょうしゅみょう》・旋転明《せんてんみょう》であります。 その作法と真言は法流によって違いますが、正念誦の前にこの作法を行うのは、本尊の真言 を数える拠り所となる念珠を加持によって浄めるのであろうと思われます。

このうち加持念珠は、正念誦の異称としても用いられるものであります。念珠を三匝にし て右手の上に置いて薫香三度、次に左右左《さうさ》と三度移し替えて蓮華合掌の中に入れて真言を誦 するのですが、この蓮華合掌を浄珠印と名づけています。念珠を蓮華合掌の中に入れるのは 念珠を浄めるためであります。

蓮華は泥中にあって然も汚泥に染まらず、本性清浄を象徴するものですから、本性清浄の 蓮華印を以て加持して清浄ならしめるのであります。

更にまた、正念誦は行者の語業と本尊の語密とを合致させる作法ですから、阿弥陀如来が司る妙観察智説法断疑の三昧に入り、従って阿弥陀如来の三昧耶形である蓮華合掌に入れるのであります。

次に旋転明は、左手の中から真言を誦じながら三度念珠を引き出して旋転するのですが、右手は仏、左手は衆生を象徴するのですから、仏の右手を以て衆生の左手から、百八煩悩を象徴する念珠を引き出す作法に秘められているのは、これも本尊の三密による衆生の三業の加持であると思われます。

## 語密成仏の大事

正念誦は、三昧耶念誦・定念誦・加持数珠念誦・加持念誦、或いは加持念珠並念誦法等とも名づけられ、入我我入観や字輪観と共に行者の三業を本尊の三密に同じからしめる観法であります。

修法では、入我我入観の観法で既に行者の身業は本尊の身密と一体となっており、我即本尊の境地に住して本尊の真言を念誦して、行者の語業と本尊の語密との一致を観想するのであり、『密教大辞典』には「是れ語密成仏の秘観にして、加持成仏の妙行なり」と解説されているのであります。

そして「入我我入観・正念誦・字輪観の三観優劣高下なけれども殊に語密念誦に重きを置き、略観の時は三観を摂して唯正念誦のみを行ぜしめることあり」と解説して、語密の大事を説いていますが、言葉が如何に大事であるかは、十善戒に於いても「口四意三《くしいさん》」といわれるように、言葉に関する戒めが最も数多いことにも示されています。

また、『密教大辞典』は次のようにも解説しています。「正念誦に於いて、本尊の誦じ給う真言の字、尊の口より出で行者の頂上より入りて、行者の心月輪《しんがちりん》の上に於いて右に旋りて列なり住し、また行者の誦する真言の字、行者の口より出でて本尊の臍輪より入りて本尊の心月輪の上に至り右に旋りて列なり住するは入我我入の義なり。また行者の心月輪の上に本尊の真言の字を布列して了々分明に観ずるは字輪観なり。舌端を転じて真言を念誦するは正念誦なり」

すなわち、この正念誦の一法のみでよく入我我入観と字輪観の三法を行ずるに等しい功徳があるといっているのであります。

そして、広沢の十八道次第は略観であるため正念誦のみを出し、また経軌次第中に字輪観や入我我入観を説かないものはあるが、正念誦は必ず説かれているとも解説しています。

正念誦の前方便である加持念珠や旋転念珠の作法は、小野・広沢の諸流によってやや異なるのですが、正念誦に際して両手の大頭二指を相捻じ、後の三指を真っ直ぐに伸べて念珠を掲げるのは法身説法の印であります。

そして、この法身説法の印を外に向けて右手に母珠側を持ち、三寸ばかり開けて左手に緒止め側を持って本尊呪七遍ばかりを誦じた後、印を返して身に向けて本尊呪を誦するのですが、この作法についても二様があり、更に念珠の繰りようにもまた二様がありますが、煩雑を避けて省略することに致します。

また、正念誦百八遍誦じ終わって、念珠を蓮華合掌中に入れて結願の句を誦すのですが、この蓮華合掌を浄珠印と名づけ、その中に念珠を入れる理念は、前方便である浄珠明で触れた通りであります。

## ●散念誦——諸尊の功徳を念ず

### 仏眼の真言に始まる

小野は正念誦に続いて本尊三種加持・字輪観となるのですが、西院では正念誦・本尊観に続いて散念誦《さんねんじゅ》であります。散念誦とは正念誦に対するもので、随意念誦・加用念誦ともいわれます。本尊及びその眷属や有縁の諸尊の真言を念誦するものであります。

『密教大辞典』には、「散とは雑散の義、散在散多の義、定心に対する散心の義、助成の義、また定数の外なるを言うなど多くの解あり。散念誦の正しき本拠は経軌になし」とありますが、散念誦の散とは、正念誦が本尊の真言を念誦するのに対して有縁の諸尊の真言を念誦することから、数多くとか、或いは雑多を意味するのではないかと思われます。

台密では正念誦のときに本尊真言に続けて諸尊の真言を念誦しますが、真言宗では正念誦とは別に散念誦の一科を立てて特に念誦するのであります。

最初に仏眼の真言、次に大日の真言を誦するを諸尊法の通例としますが、これは仏眼の力によって念誦の功徳を成仏に至るまで失わないためであり、また仏眼は仏母《ぶつも》能生《のうしょう》の功徳の故に最初に誦し、次に大日は普門の総徳の本地であるためこれを誦するのであります。

仏眼は仏眼仏母《ぶつげんぶつも》の略で、梵名を訳して仏眼とし、遍知眼《へんちげん》とも名づけ、仏の五眼の徳を司る尊であります。遍知眼とは衆生を観察して導き利益を施し、その慈眼の光遍ぜざるところなしという意味であります。

また、開眼供養法では「五眼《ごげん》の妙相を具足せしめんが為に」などといって仏眼の印明を結誦するのですが、五眼とは肉眼・天眼・慧眼・法眼・仏眼の五眼で、肉眼とは文字通り肉身の目を以て色境を識別することを意味し、天眼は禅定によって得た眼で、横に十方を徹見し、縦には三世を見ることが出来る智慧を指します。

そして慧眼《えげん》は「慧眼《けいがん》人を見抜く」という言葉がありますが、諸法の空理を照見する——すなわち、現象の奥の真実相を見抜く智慧を指し、法眼は諸法の異相をつまびらかに弁別し、仏眼は法の真性を了知し、理智の大空を照見する智慧を意味するといわれています。すなわち、般若の智慧をいうのでありましょう。

そして、この五眼を以て凡夫・天・二乗・菩薩・仏に当て嵌めるのですが、密教では六大無碍諸法本不生の故に五眼は悉く仏眼の徳に等しいと説き、仏眼の印によって五眼を具足すると教えているのであります。

## 諸尊の功徳一字金輪に帰す

些か余談になりましたが、散念誦に於いて本尊の真言を中間に置いて念誦し、その前後に本尊や行者有縁の諸尊の真言を念誦するのは、諸尊が本尊を囲繞《いにょう》して衛護することを意味するものであります。

そして、大日・本尊・明王等を誦じ終わって大金剛輪を誦すのは、わたしたち凡夫の修法であるため文句を脱落したり、或いは誤って誦じたりする恐れなきにしもあらずで、それを補うための真言を誦すのであります。

大金剛輪は小金剛輪と共に弥勒菩薩所変の大輪明王（金剛輪菩薩）の印明で、行者がこの尊の三摩地に住して印明を結誦すれば越法罪《おっぽうざい》を除き三昧耶戒体を発現する等の功徳深大といわれています。大金剛輪と小金剛輪とはその真言の長短による区別であって、功徳には大小はありません。

なお、西院流の十八道念誦次第では降三世明王の真言ですが、これは三毒煩悩を断除するためでありましょう。

そして最後に、一字金輪《いちじきんりん》真言を念誦するのは、所修の悉地を成就するためであります。何故なら、一字金輪は梵名を訳して一字頂輪王《ちょうりんおう》・一字金輪・金輪仏頂などと名づけ、浅略には「ボロン」の一字を真言とするために一字と名づけるといわれています。深秘《じんぴ》には、仏菩薩の功徳が皆この一尊に帰するを一字と名づけ、頂輪王とは人身中の最高の頂――すなわち最高の輪王という意味だからであります。

輪王とは梵名の訳「転輪聖王」の略称で、全世界を統御する大王、輪を転ずる王という意味で、転輪とは善政を意味します。すなわち、輪宝《りんぽう》を旋転するとき衆魔悉く威伏するように、善政の徳には諸悪も威伏することを意味しているのでありましょう。

また、金輪と名づける所以は、輪宝に金・銀・銅・鉄の四種があって、金輪の王を以て最高と為すという意味であり、他の法を修しても験なきときはこの尊の真言を誦すれば、その助けを得て成就を得るといわれ、その為に散念誦の最後に必ずこの尊の真言を念誦するのであります。

また、この尊に大日金輪と釈迦金輪とがあり、大日金輪は宝冠形《ぎょう》智拳印で日輪に住し、釈迦金輪は螺髪形《らほつぎょう》で法界定印《ほうかいじょういん》上に輪を置き須弥山《しゅみせん》に坐しています。前者は金剛界大日、後者は胎蔵大日とする説があるそうですが、多くは大日金輪を以て金剛界大日が胎蔵の日輪三昧に住する両部不二の法身として、この尊法の本尊とされています。

更にまた『即身義』には、即身成仏の証文として最初にこれを出し、未灌頂の者には説くべからずと誡められています。そして、日輪は仏果の智徳を表します。月に比べて日輪は速度が速いため、この尊法の即疾成就を意味し、また日光が衆星の光を覆うように、この尊の真言が諸尊の法を覆うことを表すなど、教義的には多くの解説がありますが、煩雑を避けて割愛することにします。

## ●回向─功徳を衆生に廻らす

散念誦に次いで後供養・後鈴・讃・普供養真言・三力祈願・礼仏・回向と続きますが、これらは既に触れたことですので省略し、回向についてのみ少し触れておきたいと思います。

回向とは「回転趣向の義」と辞典にはあります。行者が自ら修した善根功徳を廻らせて広く一切衆生と自己の菩提涅槃に向かわしめることであり、死者のための読経を回向というのも同じ意味であります。

但し諸仏典の説くところによりますと、回向にも幾つかの種別があって、『大乗義章』（九）には菩提・衆生・実際の三種回向が説かれているのであります。

すなわち、菩提回向とは、自らが修するところの一切の善法を菩提のために巡らすことを意味し、衆生回向とは深く衆生を念じて自らの善根功徳を衆生に廻らすこと。そして実際回向とは、辞典には「所修の善根を巡らして平等如実法性を求むるをいう」と、大変難しく解説されていますが、端的にいえば、有為転変の現象を超越して一如平等の世界に到らんと願うことでありましょう。回向の文に「回《え》施《せ》法界《ほうかい》」とあるのが、実際回向に当たります。

また、『仁王念誦軌』には以上の三種回向に加えて国土回向を説き、更に『摂真実経』（下）には国王・父母・施主・法界衆生の四つに回向すべきことを説き、道綽の『安楽集』には六種回向を、『往生論註』（下）には往相《おうそう》・還相《げんそう》の二種回向が説かれるなど諸説があります。

そして、回向は仏教の究極ともいうべき大慈悲心の発露ですから、修法や読経の最後には必ず回向文を読誦祈念して、その功徳を回向しなければなりません。

回向文は宗派によって差違がありますが、真言宗では金剛界立の修法では五悔の中の第五至心回向の偈文、胎蔵法では九方便の第九回向方便の頌を唱え、朝暮の勤行読経には至心回向文或いは『法華経』比喩品の「願《がん》以《に》此《し》功徳《くどく》普《ふ》及《ぎゅう》於《お》一切《いっさい》」云々の偈頌、更にまた随心回向といって、行者の意楽によって句を加除する回向文を唱えることがあります。

次に回向方便を唱えますが、回向方便は九方便中の第九回向方便で、行者所修の善根功徳の悉くを一切衆生に回向し、自他共に菩提を証する方便ということですが、五悔の中の至心回向を回向方便ということもあります。そして、ここにいう方便とは、慈悲と同義語と解していいのではないかと思われるのであります。

## ●解界──内証自覚の本宮へ還る

### 本尊は何処へ帰り給うのか

解界《げかい》とは、修法に際して、最初に本尊を勧請するために結誦した結界を解いて、本尊を本土に奉送することでありますが、日を限って修法するときには結願まで地結《じけつ》を解かず、また自行《じぎょう》の行法《ぎょうぼう》は臨終を以て結願とするため地結は解かないとされているのであります。

十八道法の冒頭にも、本尊を供養するのは賓客を招いて饗応するようなものであるという『密教大辞典』の解説を掲げましたが、それによりますと、「後供養は客の帰らんとするに際し、再び饗応するものにして、終りの解界は客の帰宅を障えざらしむる為に荘厳を撤し、撥《はっ》遣《けん》は正しく客を奉送する儀式なり。これを深秘に観ずる時は重々あり」とありますが、賓客饗応云々の譬えにはわたしは賛同しかねます。

何故なら、それでは修法とは外から神仏を修法壇上に招いて、単なる儀式をしてお帰り頂くということになってしまうからであります。修法を終えたら行者の身心から本尊聖衆は去ってしまって、行者は元の木阿弥《もくあみ》、泥凡夫に帰ってしまっていいのかということになります。では、修法中に行った作法は一体何であったかということになるのであります。

修法中に於ける本尊加持は、行者自身の四処・五処を加持しますが、これは取りも直さず、本尊と行者が一体となっていることを意味しています。では、本尊を修法壇上からお帰し申し上げたら、行者とは無縁の存在となってしまうのであれば、本尊加持は修法中だけの一時の気休めに過ぎなかったということになるのでしょうか。それでは修法の意味がないのであります。

## 内証自覚の本宮とは何か

わたしたちは何となく、内陣にお祀りしている鋳造繪木の本尊を修法壇上にお迎えして修法をし、修法を終えたらまた元の木造や掛軸の本尊にお戻り頂くように錯覚していますが、木造や掛軸の本尊は具象化された仏ではありますが、わたしたちが修法壇上にお迎えする本尊ではないのであります。

では、修法に於ける本尊や聖衆は何処からお迎えし、そして何処へお帰り頂くのでしょうか。

古い仏像の解体修復や、或いは毀損した仏像・仏画などを処分するときに修する『古仏撥《こぶつはっ》遣法《けんほう》』の表白《ひょうびゃく》に、「本尊聖者丹誠を哀愍し、内証自覚の本宮に還帰し給え」という一節がありますが、では修法に際してお迎えする本尊や諸尊もまた、内証自覚の本宮から来て、再び内証自覚の本宮へお戻りになるのでありましょう。

では、内証自覚の本宮とは何か。内証とは自己の心中に証得した真理を意味しますが、生命の本質は悉有仏性であり、心の深層部には浄菩提心を有するものであります。では、内証自覚の本宮とは取りも直さず心の最奥なる浄菩提心を意味するのであり、これをわたしは、深層意識こそ仏・菩薩の住し給う宮殿であると表現しているのであります。そして、外なる道場に安置祭祀する本尊や諸尊は、その象徴・具象化であると考えています。

では修法とは、わが内なる深層意識の宮殿に住し給う本尊聖衆を、わが胸の内なる顕在意識の道場に招いて、わが意識・想念を本尊聖衆と一体ならしめる作法であると考えているのであります。

従って、修法壇上は取りも直さずわが心内なる道場の具象化・風景に他ならないのであり、このとき我は常に本尊聖衆と共にありということになり、キリスト者内村鑑三の言を借りるならば「最早我生きるに非ず、本尊聖衆我に在りて生きるなり」の心境となるのであります。修法の最後に撥遣をしたからといって、本尊聖衆がわたしを離れて別の所へ帰られるのではなく、わが深層意識の本宮へ還られるのであり、ここに結界の基盤ともいうべき地結と、護身法の基本ともいうべき浄三業を解かない理由があるのであります。

すなわち、本尊聖衆は常にわが深層意識の宮殿にわれと倶に居ますのであれば、わが身は常に浄三業を以て荘厳し続けなければならず、そしてわが心は本尊聖衆の道場であれば結界の基盤たる地結は常に解いてはならないのであります。

## 信仰とは何か

わたしは、修法の基本は懺悔と浄三業と普供養であり、その基盤をなすのは神仏への帰依であると考えています。

神仏に心から帰依するが故に、自らの持戒の至らざるを心の底から懺悔せざるを得なくなるのであり、懺悔するからこそ至心に自らの三業を慎み浄めようと願うのであり、その浄三業の願いが普供養（すなわち布施・奉仕行）となって現れるのであります。

そして、此の修法の根本理念が日常生活となるとき、懺悔は反省、浄三業は善行、普供養は奉仕行となって生かされなければならないのであり、このとき初めて宗教――すなわち、信仰といえるのではないかと、わたしは考えているのであります。

仏と一体となる修法は勿論、神仏を拝むということは、神仏をわが心の中に祀ることであります。では、わが心は神仏の宮殿であり、わが意識・想念は神仏の道場として美しく浄められなければならないのであります。

そして、その美しく浄められた意識・想念を通路として、神仏は此の現象界に働きかけて来られるのであります。わが心清らかならざれば、神仏がこの世に働きかけて来られる道を断つことになります。

神仏は、わたしたちの美しい意識・想念のみをこの世への通路として来臨し給うことを教えているのが修法であることを、肝に銘じて置きたいと思うのであります。

## ●神供について

以上で、西院流の十八道法に基づく修法の意義についての話を終わりますが、この他にも、金剛界・胎蔵界・護摩法と更に複雑な作法と深遠幽玄なる真理を秘める修法があり、修法に関心のある方は更に良師について研鑽されんことを期待するものであります。

なお、最後に付記しておきたいのは神供《じんぐ》についてであります。

神供は、修法に際して道場の外に壇を設けて、十二天及び諸鬼神に供養をする作法であります。

古来、桃・柳・柘榴の樹下は避けることになっているのですが、これは『施諸餓鬼飲食《せしょがきおんじき》及水法《きゅうすいほう》』『施焔口鬼食修行軌《せえんくきじきしゅぎょうき》』によるもので、桃の木は鬼王の住処、柳は諸鬼が近寄らない樹木、柘榴は鬼子母神が好む樹木で、低級な鬼類は近寄り難いからであると説かれています。

神供の諸神については、小野・広沢で異説があります。小野は多く十二天を供養し、或いは施餓鬼作法を用い、広沢は八方天諸鬼神を供養する等々の説や、或いは神供壇の築き方など種々の作法がありますが、今はそれらを省略して、神供の理念についてのみ述べますと、神供は仏教の慈悲の発露というべきものであります。

すなわち神供は、修法の結界の作法によって辟除《びゃくじょ》された鬼類や、或いは結界によって道場に近づき得ない低級な霊たちをも供養し、同時に仏法を施そうとする大慈悲心を表現するものであります。

# 付章●心は神仏の通路である――『観音経』に学ぶ

本章に於いて縷々述べてきました修法の理念とは、神仏は決してわたしたちの外にあるのではなく、わが深層意識の中にこそ住し給うということであります。従って、神仏の宮殿たる深層意識は常に浄められ荘厳されていなければならず、そのためには、常に意識・想念を美しく清浄に保つようにしなければなりません。

そして、わが深層意識なる神仏は、わたしたちの意識・想念を通路として、この現実世界へ影向《ようごう》される——すなわち、働きかけてこられるということでありますが、そのことを端的に、然も平易に教えているのが『観音経』であります。

## ●すべては聞くことに始まる

『観音経』は、次の言葉で始まっています。

「その時に無尽意菩薩《むじんにぼさつ》、即ち座より起ちて偏えに右の肩を袒《はだぬ》ぎ、仏に向かって合掌して是の言《ごん》を作《な》さく。世尊、観世音菩薩は如何なる因縁を以てか観世音と名づくる」

すなわち、無尽意菩薩が世尊——すなわち釈尊に向かって「観世音菩薩はどういう訳で観世音と名づけられているのですか」と質問されたのでありますが、この無尽意菩薩の質問に対して、

「仏、無尽意菩薩に告げ給わく。善男子、若し無量百千万億の衆生有って、諸々の苦悩を受けんに、是の観世音菩薩を聞きて、一心に名《みな》を称えなば、観世音菩薩、即時に其の音声を観じて、皆解脱することを得しめん」

と、仏（釈尊）がその理由をお答えになっているのが『観音経』なのであります。

すなわち、ここに説かれているのは、「聞く」ということが如何に大事であるかということであり、すべては「聞く」ことに始まるということであります。

『観音経』は、どのようにすれば神仏のご利益が受けられるかという一大事を説き示したお経ですが、神仏のご利益を受けるための第一の条件は先ず、神仏の名やその功徳を聞くことなのであります。

質問者の無尽意菩薩については、教義的には「賢劫十六尊の一で金剛界曼荼羅三昧耶・微細・供養・降三世三昧耶の諸会の外郭北方に位す。略出経三には無尽意と名づけ、教王経下には無尽慧といい、賢劫十六尊軌・観想曼拏羅経には無量意と称す。三秘密の宝を以て遍く法界に施す。宝無尽の故に意もまた無尽なり」（『密教大辞典』）と、難しい解説がありますが、わたしは無尽意――すなわち「意を尽くし得ない」、或いは「表現し得ない思い」というように、素直に解釈しています。

無尽意菩薩とは「言うに言えない想い」であり、筆舌を以ては表現し得ない真実の想いを擬人化したものではないかと考えているのであります。

人は、自らの真実に直面したとき、言葉を失うものであります。自らの真実を相手に知らしめるべく百万言を費やした果てに、人語の不完全性を痛感させられて、沈黙せざるを得なくなるのであります。

従って、この無尽意という名称に象徴されているのは、その意を尽くし得ない人間の真実・真心・誠意といったものでなければならないのであり、言うに言えない人間の真実の想いに対して、仏が答えられたのが『観音経』なのであります。

それは同時に、仏法は真実の心を以て聞かなければ、真実を感得することは出来ないということでもあります。

『観音経』は、古来多くの人々を救ってきました。勿論、わたしもその一人ですが、ここで大事なことは、もし無尽意菩薩のこの質問がなかったなら、『観音経』はこの世に生まれることはなく、従って『観音経』によって救われる人もなかった――ということであります。

そして、神仏の救いに預かるためには、先ず「聞く」ことが如何に大事であるかを『観音経』は冒頭に教えているのであります。

## ●短命の宿命を背負って

宗教を信ずる人は、誰しもが神仏のご利益を願い、霊験・奇瑞を求めていると思うのですが、宗教に縋ったら誰もがご利益を受けられるかといえば、そうはゆかないようであります。神仏のご利益を受けるためには、受けるに相応しい方法があり、それを教えているのが『観音経』なのであります。

私事で恐縮ですが、わたしは今年七十六歳を迎えました。そのわたしが若いときから病弱で、或る有名な観相家に「四十までの命」といわれていたのですが、神仏のご加護によって幾たびも死線を超えて、今日まで命永らえさせて頂いたのであります。

現在、わたしは京都市の北部の、北山杉で有名な山里の小さな寺の住職をしていますが、実はわたしが二十五歳から五十歳まで住職をしていました宝塚の寺は、歴代住職が短命で、数え年の五十歳を迎え得た住職は一人も居なかったのであります。先代は二十九歳、先々代は四十三歳で胃癌で亡くなっているのですが、ともに数え年であります。

寺の歴史は詳しくは不明ですが、現在持仏堂に安置されている歴代住職の位牌は十七牌、その中に五十歳を迎え得た人は一人も居ないのであります。

わたしもまた、五十歳を目前にして生死を分かつ大病をしたのであります。そして、その時大願を立てました。もしも幸いにして数えの五十歳を迎えさせて頂けるなら、残りの人生はみほとけにお返しいたしますと、誓願したのであります。

生死を分かつ大病というのは胃潰瘍ですが、わたしの胃潰瘍は並の胃潰瘍ではなく、胃に穴の空く胃穿孔でした。

胃の壁は四層になっているそうですが、穴は既に最後の四層目まで侵蝕していて、紙のように薄い壁を残すのみ、何時「ぽん」といって破れるかも知れないという危険な状態だったそうであります。

## ●「聞く」ことの大事

当時わたしは、近くの開業医を転々としながらも一向に効果がなく、連日襲ってくる激痛に悩みながら途方に暮れる日々だったのですが、そのような或る日、ふと、わたしの耳に「施餓鬼をしなさい」という、亡き父の声が聞こえてきたのであります。

それは実際に聞こえてきたのではなく、生前の父の記憶が脳裏に蘇って来たのでしょうが、懐かしい人の記憶は何故か、言葉となって耳底に蘇ってくるもののようであります。そして、このときのことを想起するたびにわたしは、「聞く」ことの大事を憶念するのであります。旧約聖書にも「太初《はじめ》に言葉ありき」とありますが、言葉がこの世を造るのであります。人間、この世に生まれてきて、最初に機能する五官は聴覚、すなわち耳であります。先ず周囲の物音や言葉を聞いて育つのであり、それから目が見えるようになります。人間の成長は聞くことに始まるのであり、ここにこそ、親は例え嫌がられ煩《うるさ》がられようとも、機会あるごとにわが子にものの道理をいい聞かせて育てなければならない理由があります。

そして一方、子どもの方も、自らが平穏無事なときには、徒らに煩《わずら》わしく感じた親の意見や小言が、いざ親が亡くなってしまって、然も自分が苦境に立ったりしたときには、無限の懐かしさを以て蘇ってきて、助けてくれることが多いのであります。

## ●病院に忘れられる

父は生前自らもよく施餓鬼を修し、わたしたち子どもにも機会あるごとに施餓鬼の功徳を話して聞かせていたのでありますが、病院を転々としながらも一向に消えない腹痛に悩んでいたとき、ふっと耳に聞こえてきたのが生前の父の言葉だったのであります。

そして、わたしは藁にも縋る思いで、歴代住職の施餓鬼回向を修し始めたのですが、その直後に、家人から「お医者さんを替えてみたら」といって紹介されたのが、わたしの胃穿孔を発見してくれた胃腸外科医だったのであります。胃が破れる前のまさに間一髪の状態でした。そして、その外科医の紹介で早急に手術すべく、医科大学附属病院に廻されたのであります。それが三月の末でありました。

ところが、その大学病院で不思議なことが起こったのであります。

病室が空くのを待って、外来としてわたしは、大学病院から連絡があるたびに検査の為に通院していたのですが、四月半ば近くの或る日、看護師さんが持つわたしのカルテから「外来」の文字が大きく×印で抹消されているのを見て、わたしは入院・手術の間近であることを悟ったのであります。ところが、それ以来、ぱったりと大学病院からの連絡が絶えてしまったのであります。

桜の季節が去り、雪柳が零れ、躑躅《つつじ》の季節となり、やがて躑躅も散り果ててしまって、五月、青葉の季節となっても病院からは何の音沙汰もなかったのであります。

その間もわたしは歴代住職の施餓鬼回向を続けていたのですが、食欲は増進して体重は次第に増加し、三月末に大学病院で計ったときには四十九キロにまで痩せていたのが、五月初めには五十八キロにまで回復していました。

大学病院を紹介して貰った地元の外科医には、手術までは毎日胃の破裂を防ぐために胃壁に膜を張る注射を受けに通院していたのですが、その行き帰りに道ですれ違う檀徒から「別人かと思った」と言われる程になっていました。

地元の外科医には、未だ大学病院からは手術の連絡は来ないのか、早くしないと危険なのにと、毎日のように急かされたものですが、わたしにはどうすることも出来ませんでした。

そして五月も終わり近くの或る日、地元の外科医から電話で、「実は余りにも手術が遅いので、大学病院に電話で催促してみたところ、四月末からの大型連休やその後に続く学会などで、すっかり忘れていた。早急に手術の手配を調えるようにしますとのことで、恐縮していましたよ」と連絡がありました。

そして翌日、早速大学病院から電話がありました。「手術が立て込んでいて順番がなかなか回ってこず、大変お待たせしましたが、手術の手筈が整いましたので、明日から入院して下さい」ということだったのであります。

然しわたしはその不誠実さに呆れて、もう手術をする気はなくなったと返答したのであります。事実、わたしは最早手術の必要はない程に元気になっていたのであります。

● 菩薩勝恵者

これは本章の修法でも触れたことですが、釈尊は、餓鬼道に堕ちることを恐れる仏弟子の阿難尊者に対して、施餓鬼の功徳を次のように解かれています。

「若し比丘比丘尼等この法を修すれば、便ち能く無量の福徳を具足し、百千万億の如来に供養するに等しく、寿命を延長し色力を増益し、悪鬼羅刹に侵害せらるることなし」と。

ここには、施餓鬼法修法の功徳として寿命の延長と色力の増益――すなわち、長生きと健康増進の功徳が示されているのですが、わたしはそれを信じて施餓鬼修法を続け、そして確かにその功徳を受けたのであります。

施餓鬼法とは、生前に於ける慳貪等の悪業の業報として飢餓に苦しむ餓鬼道の衆生に飲食を施すとともに、その苦しみから救うための修法ですが、その施餓鬼修法が何故に「百千万億の如来に供養するに等しい」のでありましょうか。

それは、悪業の故に業報に苦しむ衆生を最も悲しんでおられるのは如来だからであります。だからこそ、餓鬼衆の苦しみを救うことは取りも直さず如来への供養に他ならないこととなるのであります。

そして、ここでもう一つ留意しておかなければならないことは、餓鬼道に堕ちた衆生があればこそ、施餓鬼修法の功徳があるということであります。もし餓鬼道というものがなく、餓鬼道に堕ちる衆生がないということになれば、施餓鬼法などは絵空事の空しいことになってしまうのであります。

餓鬼道の苦しみに喘ぐ衆生あればこその施餓鬼修法の功徳であれば、餓鬼道の衆生こそはまさしく、わたしたちを救うために餓鬼道に苦しむ代受苦菩薩ということになります。彼らが犯した罪障はまさしく衆生を救わんが為の菩薩行に他ならなかったということになり、ここにこそ世間の善悪業報を超えしめる道があるのであります。

真言宗で最も大事にされている経典である『理趣経』の百字偈の冒頭に、「菩薩《ぼさつ》勝恵《しょうえ》の者は、乃《いま》し生死《しょうじ》を尽くすに至るまで、恒に衆生の利を作《な》して、而も涅槃に趣かず」という言葉があります。

すなわち、勝れた菩薩は衆生を救うために決して悟り済ました顔をするものではなく、死ぬが死ぬまで迷いの姿を現ずる――というのであります。

では、大事な患者の生命を預かりながら、無責任にも手術を忘れてしまった医師や病院は、世間の善悪価値判断によれば「悪」と断ぜられる存在でしょうが、わたしにとっては、むしろ施餓鬼修法の威神力を見せしめるための菩薩勝恵者として、拝まれる存在だったのであります。

## ●興教大師に遇う

健康を回復したわたしは、お礼参りのために、故郷九州のわたしの実家である寺へ帰りました。

そこには、何時の時代かに高野山から勧請された丹生津《にうつ》姫命《ひめのみこと》が塩田大明神という神名で祀られており、生前の父が常にわたしのことを祈願してくれていた、いわばわたしの守護神ともいうべき神だったのであります。

そして、その塩田大明神で祈念中にわたしは、「今後は毎年五月に必ず参詣せよ」という霊告を受けたのであります。

霊告といいましても、わたしの場合は決して大袈裟なものでも、或いは何か特別の現象が起こるものでもありません。祈念中に心に浮かんだことを、ただわたしが霊告と信じているに過ぎないのですが、この霊告が浮かんだときの感動をわたしは今なお忘れることが出来ないのであります。何故なら、毎年五月に参詣せよということは取りも直さず、少なくとも当分は命永らえるということに他ならなかったからであります。

以来三十年間、わたしは忠実に毎年五月の参詣を一度も欠かすことなく続けていますが、実は歴代住職として初めて数えの五十歳を迎えた翌年の五月、わたしは縁あって、京都の現在の寺に迎えられることになったのであります。

そして、初めてその寺を訪れて本堂に入り、法楽を捧げようとして、驚いたのであります。何と、そこにはわが郷里の大先輩である興教大師像が安置されていたからであります。

興教大師は、九州は肥前鹿島の人であります。幼くして京都の仁和寺に入り、後高野山に住するも、当時の腐敗堕落した高野山の改革を行おうとして迫害され、身代わり不動の奇瑞を起こして紀州の根来山に逃れて、新しく一宗を開いた新義真言宗の宗祖であります。

従って、新義真言宗の寺院には興教大師像が祀られ、弘法大師のご宝号「南無大師遍照金剛」と共に「南無興教大師」を唱えるのですが、古義の寺院では興教大師像を安置するのも、「南無興教大師」を唱えるのも希有なることであります。にもかかわらず、わたしがご縁を頂いた京都の古義の寺には、故郷の大先輩である興教大師が待っておられたのであります。

九州のわたしの実家である寺は、古義ではありますが興教大師に縁の深い寺であり、その為か、興教大師像が安置されていました。

その不思議なご縁に加えて、わたしが感動しましたのは、実は興教大師が数えの四十九歳で遷化されていたことであります。

同じ歳、わたしは生死を分かつ大病をして、神仏の冥助によって奇跡的に一命を取り止め、歴代住職として初めて数えの五十歳を迎え得て、そして新たに住職となった京都の山里の寺で、興教大師に相見《まみ》えたのであります。残る人生は興教大師に頂いたものであるに違いないと、深く帰依しているのであります。

## ●心は神仏の宮殿である

『観音経』の話の途中で、些か私事が長引きましたが、何故に自らの経験を縷々お話したかと申しますと、神仏を信仰することによって、確かに人智を越える神仏の功徳があり得ることを知って頂きたかったからであります。

ではどうすれば、神仏のご利益を蒙ることが出来るのであるか。その秘訣を教えているのが『観音経』なのであり、その第一の条件が先ず神仏の功徳を「聞く」ことだったのであります。

『観音経』を読誦しますと、そこには次のような言葉が頻繁に出てきます。すなわち「観世音菩薩を聞く」こと。そして次に「一心にみ名を称える」こと。更に「恭敬」し、「常に念じ」「礼拝し」「供養する」こと。これを続けることを『観音経』は「名号を受持する」とか「み名を保つ」と表現しているのですが、これは言葉を代えますと、自らの心の奥すなわち深層意識のなかに観世音菩薩を持つことに他ならないのであります。そして、このことは何も観世音菩薩のみに限るのではなく、すべての神仏に通ずることである筈であります。弘法大師の『般若心経秘鍵』の冒頭に、「それ仏法遙かに非ず、心中にして即ち近し」という有名なお言葉がありますが、神仏もまた、人間の心のなかにこそ存在し給うのであり、そして、人間の心の動き――すなわち、意識・想念を通路としてこの世に働きかけてこられることを『観音経』は教えているのであります。

すなわち、わたしたちの深層意識は神仏が本来在《いま》すところの宮殿であり、そして、顕在意識たる想念は神仏がこの世へ影向《ようごう》し給うための通路に他ならないのであります。

## ●大威神力が現れるとき

『観音経』にはこの他にも、大威神力という言葉がよく出てきます。例えば「観世音菩薩摩訶薩《まかさつ》は威神の力、巍々たること是《か》くの如し」とか、或いは「観世音菩薩は是くの如き等の大威神力ありて饒益《にょうやく》する所多し」というようにであります。

同時にまた、『観音経』には人智を越える数々のご利益が列記されています。例えば「たとい害意を興して、大火の坑《あな》に推し落とされんに、彼の観音の力を念ずれば、火坑《かきょう》変じて池とならん」とか、或いは「王難の苦に遇って、刑に臨み寿終《いのち》わらんと欲せんに、彼の観音の力を念ずれば、刀尋いで段々に壊《つ》れん」等々であります。

『観音経』が列記している功徳の数々が、余りにも現実離れというか荒唐無稽、人間の常識では納得しがたいことばかりなので、なかには僧侶の身でありながら、「『観音経』は信用し難い」という人もありますが、実は『観音経』が列記している功徳の数々は、人力では如何ともし難い絶体絶命の場面に於ける神仏の威神力の発現なのであります。

すなわち、人間的な努力や分別では如何ともし難く、人間を超えたものの力でなければ助けることが出来ない絶体絶命の状況がそこには設定されているのであり、『観音経』が言わんとしているのは、実はそこにこそ観音の威神力が働くということであります。

人は、自らの力、或いは人間的な努力や方策で何とかなると思われる間は、心の底から観音力（神仏の力）を念ずることはなく、そして観世音菩薩もまた、人間の力で助かる場合は、人間の努力に任せられるに違いありません。

ですが、人間の力ではどうにもならないとき、すなわち絶体絶命の境地に立たされたとき、人は初めて心の底から必死になって観音の力を念じ、「南無観音」と名号を念じるのであり、そのときはじめて観世音菩薩は、人間の常識では想像を絶する大威神力を現し給うのではないかと憶念するのであります。

わたしは『観音経』を読誦するたびに、「もしお前たちが絶体絶命の苦境に立たされた時には、必死になってわが名を呼んでみよ。お前たちの想像を絶する大威神力を見せてやるぞ」という、観世音菩薩のお声が聞こえてくるような気がするのであります。

事実、日蓮上人には「龍ノ口の御難」というのがあって、上人が刑場に曳かれて当に斬首されようとしたとき、天上俄《にわか》にかき曇って雷鳴轟き、首切り役人が振り上げた刀が落雷によって折れ、危うく一命を取り止められたという、当に『観音経』が説く「或遭王難苦《わくそうおうなんぐ》　臨《りん》刑欲寿終《ぎょうよくじゅうしゅう》　念彼観音力《ねんぴかんのうりき》　刀尋段々壊《とうじんだんだんね》」の奇瑞が伝えられているのであります。

## ●彼の観音力とは何か

『観音経』は、種々の危難災厄に際して観世音菩薩の威神力によるご利益を受けるためには、「念彼観音力」が必要であると説いています。すなわち、ただ単に「観音の力」を念じよというのではなく、「彼の観音の力」を念じよというのであります。

では、「彼の観音」とは何か。すなわち、自らがその名号を聞き、一心に名号を称え、念じ、恭敬し、礼拝し、供養し続けてきたところの観音であり、わが深層意識の中の観世音菩薩を意味するのであります。

わたしたちは平穏無事な日常には神仏を忘れがちであり、経典にも親しもうとはしません。然し、平穏無事な常平生に親しんだ経典の教えや合掌礼拝した神仏たちは、すべてが深層意識下に刻み込まれているのであり、人間の力ではどうにもならない危急に遭遇したとき、咄嗟に深層意識から蘇って威神力を発揮するのであります。

然し、絶体絶命の窮地に立たされたら、誰しもが「南無観音」と、咄嗟に観音の力を念ずるかといえばそうではありません。

世間にはよく「神も仏もあるものか」という人がありますが、確かに常平生に神仏の名も聞かず、名号を称えることもなく、一心に念ずることも、礼拝供養もしない人——すなわち、わが深層意識のなかに神仏を持たない人には「神も仏もない」のであります。

更にまた、「本当の神仏なら、すべての人に対して平等であるべきで、自分を信仰してくれる人にはご利益を授けるが、信仰しない者にはご利益を授けないなどという依怙贔屓をする筈がない」などと理屈をいう人がありますが、もともと神仏などという特殊な存在が、自分を離れたところに固定的に存在している訳ではないのですから、信仰しない人には神仏は存在しないのであり、依怙贔屓も何もないのであります。

常平生に信仰しているからこそ、咄嗟の場合に「南無観音」と念ずるのであり、常平生に神仏とは無縁の人——すなわち、深層意識に神仏を持たない人は、如何に危急に遭遇しても、咄嗟に神仏を念ずることはないのであります。また、例え念じたとしても、とってつけたように念じてみたからといって、存在しない神仏の働きようはないのであります。

## ●心は神仏の通路である

このように神仏は常に信仰し、称名し、恭敬・礼拝し、供養するわたしたちの心のなかにこそ住み給うのであり、同時に、わたしたちの意識・想念を通路として、この現実世界に働きかけて来られるのであります。ここにわたしたちが常平生に修法や読経や或いは写経等によって、神仏の住所（宮殿）でもあり、そしてこの世への通路でもある心――すなわち、意識・想念を美しく浄めておかなければならない理由があるのであります。

本章の修法の中で既に述べましたように、密教の修法には結界の法があり、天魔をはじめとする諸魔が修法道場に襲来するのを防ぐための作法があるのですが、それらの魔障を防ぐために最も大事なことは、行者自らの意識・想念を浄めることに他ならなかったように、神仏のご利益を受けるために最も大事なことは、わが心を浄めることに他ならないのでありまます。そして、そのためには常平生の信仰が肝腎なのであり、礼拝・読経も、そして修法も、日々是れを修してこそ初めてその威神力を現すのであります。

わたしは、信仰とは外なる神仏をわが心の中に遷座し奉り、その神仏の宮殿でもあり、またその神仏のこの世への通路でもあるわが心を浄めること以外の何ものでもないと悟らされたのであります。

外なる神仏は、わが心内に遷されたとき生きた神仏となるのであり、そのとき神仏とわたしは一体となって加持感応するのであります。わが心を浄めること以外に神仏との加持感応はなく、加持感応がない限り霊験・奇瑞は現れないのであります。

「正直の頭《こうべ》に神宿る」という諺がありますが、わが心が清浄となるとき、神仏の霊告はわが想念となって現されます。

密教僧には日々の修法を、そして在家の方には日々の神仏礼拝と読経をお勧めして、本稿を閉じたいのであります。

読者の皆様に、み仏のお慈悲を切にお祈り申し上げます。

合掌

今井 幹雄（いまい　みきお）
1930年兵庫県生まれ。130年近い歴史を持つ真言宗の専門誌「六大新報」の主幹を30年以上務めた。
2008年逝去。
著書に『密教法具に学ぶ』『秘境 邪馬台国』『沈黙の菩薩』『真言宗昭和の事件史』『今井幹雄著作集』全四巻『真言宗百年余話』全四巻など多数。

**修法** 心は神仏の通路である【新装版】

2007年3月12日　　初版第1刷発行
2019年4月20日　新装版第1刷発行

著　者　今　井　幹　雄
発行者　稲　川　博　久
発行所　東方出版（株）
〒543-0062 大阪市天王寺区逢阪 2-3-2
TEL06-6779-9571　FAX06-6779-9573
装　幀　森　本　良　成
印刷所　亜細亜印刷（株）

落丁・乱丁本はおとりかえいたします。　ISBN978-4-86249-347-7

| | | |
|---|---|---|
| 密教法具に学ぶ　付・読経の精神と功徳 | 今井　幹雄 | 二、〇〇〇円 |
| 人生護身術道場　仏の智慧は最高の武器 | 今井　幹雄 | 一、五〇〇円 |
| 沈黙の菩薩　医療と宗教の狭間で | 今井　幹雄 | 二、〇〇〇円 |
| 観世音菩薩物語　淀姫大明神霊験記 | 今井　幹雄 | 一、八〇〇円 |
| 行者日誌　虚空蔵求聞持法【新装版】 | 古梶　英明 | 一、六〇〇円 |
| 加持力の世界【新装版】 | 三井　英光 | 一、八〇〇円 |
| 陀羅尼の世界【新装版】 | 氏家　覚勝 | 二、〇〇〇円 |
| 弘法大師　空海百話【新装版】 | 佐伯　泉澄 | 一、〇〇〇円 |
| 弘法大師　空海百話Ⅱ | 佐伯　泉澄 | 一、〇〇〇円 |
| 墓と仏壇の意義【新装版】 | 八田　幸雄 | 二、五〇〇円 |
| 現代語訳　真言秘密行法 | 八田　幸雄 | 二八、〇〇〇円 |